5

峰なゆか

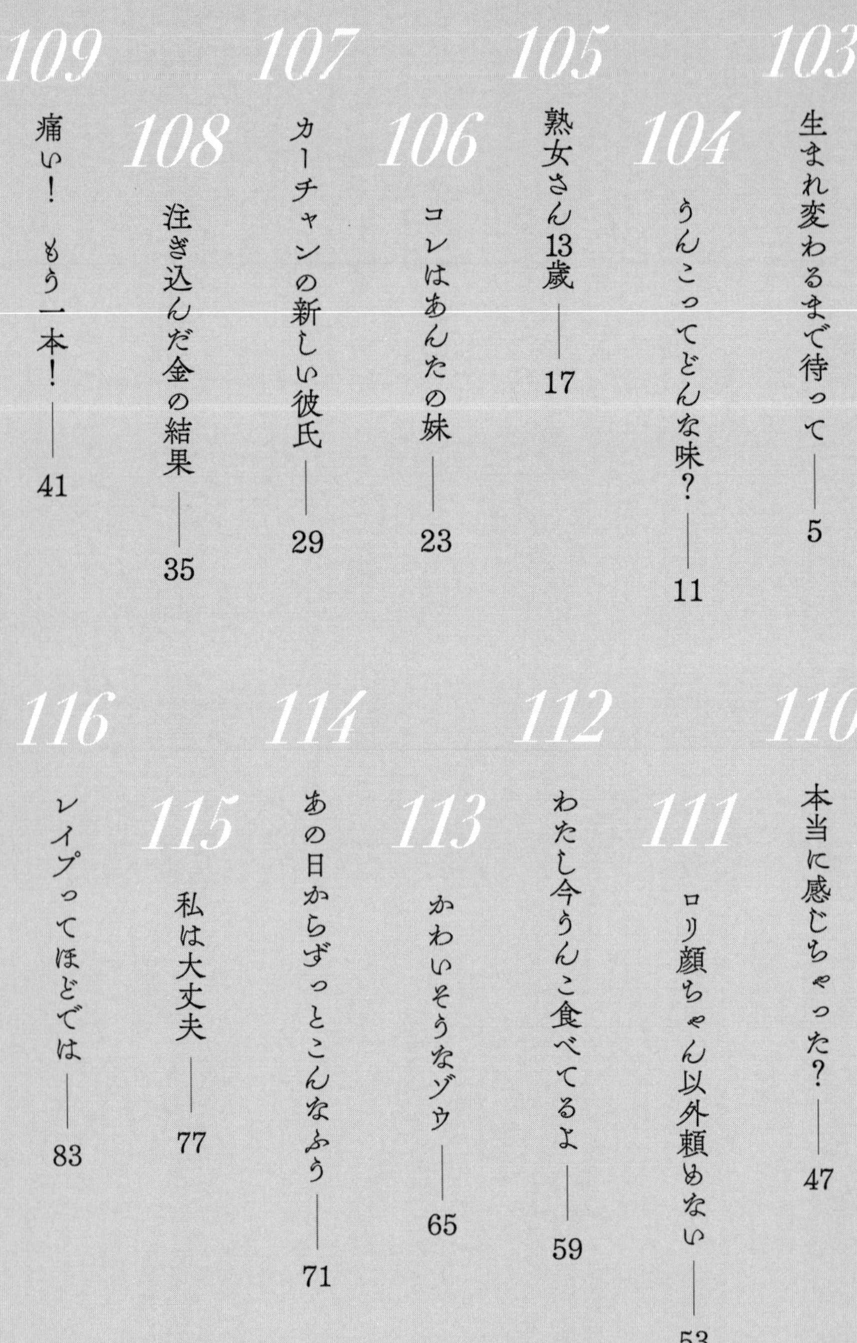

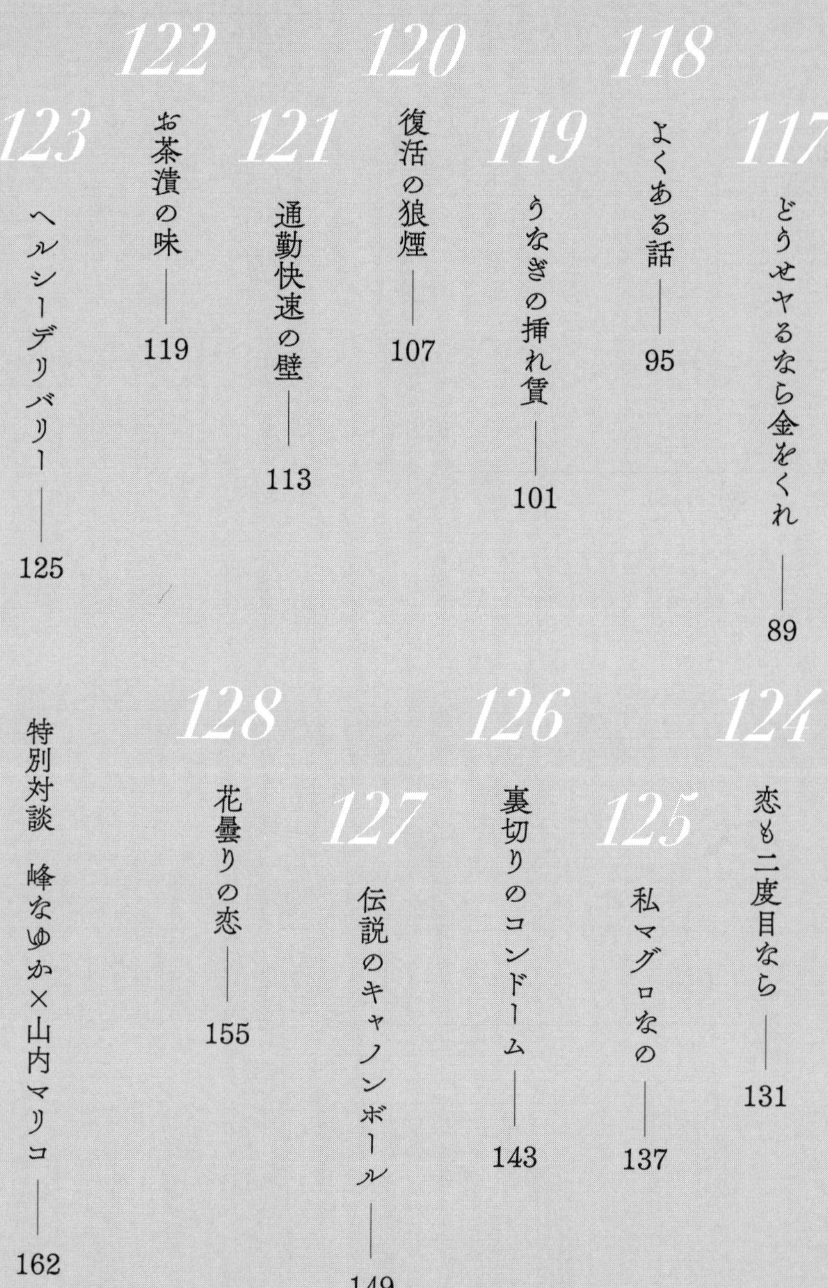

Vol. 103 生まれ変わるまで待って

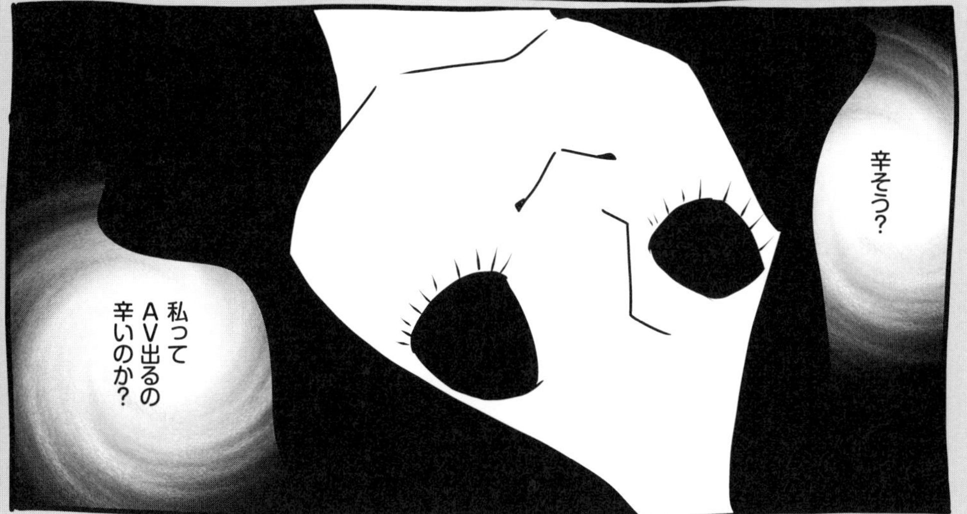

新人君って
痴女さんと
付き合ってる
じゃん？
痴女さんが
仕事で他の男と
セックスするの
イヤじゃないの？
そりゃあ
イヤっス
けど……

でも今の俺の給料で
痴女さんが満足する
生活送らせて
あげられるわけじゃ
ないからしょうが
ないっスよね
そんなもん
なのかぁ

ところで
今日の現場って
どんなの？
峰さんの
初ぶっかけ解禁
じゃないッスか
そう
だった！

精液かけられる
だけでいいん
だから楽ちんで
よかった〜！

ズラァ

フー……
フー……

峰さんのぶっかけ隊募集したら

一般応募百人超えたよ！

百人のパンイチの男から発される男臭さがすごい……

今日僕会社抜けてきてるんですよ～

そちらは？

僕はまだ学生で……

早稲田通ってます

俺は北海道から来ました！

ワイ

ワイ

ワイ

ちょっと君ワキガでしょ！

え……

俺……？

ワキガのヤツがいると周りの人の勃起力が目に見えて低下するから君は帰って！

え……

俺ってワキガだったの……？

20年目の真実

と思ってたけど人によって精液の温度とか濃度とか射精速度が違うのがわかってキモい!!

ぞぞぞぞぞぞ

ドロドロ熱々精液

水っぽいぬるめ精液

すごい速度で飛んでくる精液

ガチャー
ただいま～
なゆかさん お風呂沸かして けんちん汁作って おきましたよ
どちら先に しますか？
ありがとう！
先お風呂入るね！
ゴシ ゴシ
ゴシ ゴシ
ゴシ ゴシ
ゴシ ゴシ
スタジオの シャワー室でも 散々洗ったけど
まだ精子が 1匹2匹残ってる 気がする……
ふう！
いいお湯でした
あ
なゆかさん 背中にまだ 水滴が……
触らないで!!
き……
汚いから……
汚くない ですってば！
汚いよ！

……でも僕たち ずっとこうやって 距離を置いて 生活していくん ですか……？
めっ！ 待って⁉
表皮は大体４週間 サイクルで新しい ものに入れ替わる から！
そしたら きっと 汚くなく なるから‼
４週間後
やっと汚い 皮膚が新しい 皮膚に入れ 替わった！
ドンドンドーン
峰さーん！
今日は 現場です よ～！
私の契約は月１ ペースで撮影する ことだったので 肌の再生サイクルと 合致していた‼
せっかく新しい 皮膚に入れ 替わったところ だったのに……
峰 さーん！
起きて ますかー？
ピンポン ピンポン

Vol.104
うんこってどんな味？
今回は大人気シリーズの学校モノの撮影だ！
峰さんは先生役ね
え!?
じゃあ私も制服着て女子高生役できるってことですか!?
いつもOL役とか人妻役の私…
ですよねー!!
男の夢学園13
解説しよう！
設定だとしても18歳未満を出すのはビデ倫的にNGだから「女子高生」じゃなくて「女子校生」という表記にするよ！
学校名も○○高校じゃなくて○○学園とかにして生徒の年齢を曖昧にするよ！
どう見ても女子高生な制服はなぜか別に問題ナシとされている！
男の夢学園
このシリーズには代々受け継がれてきたふたつのルールがある！

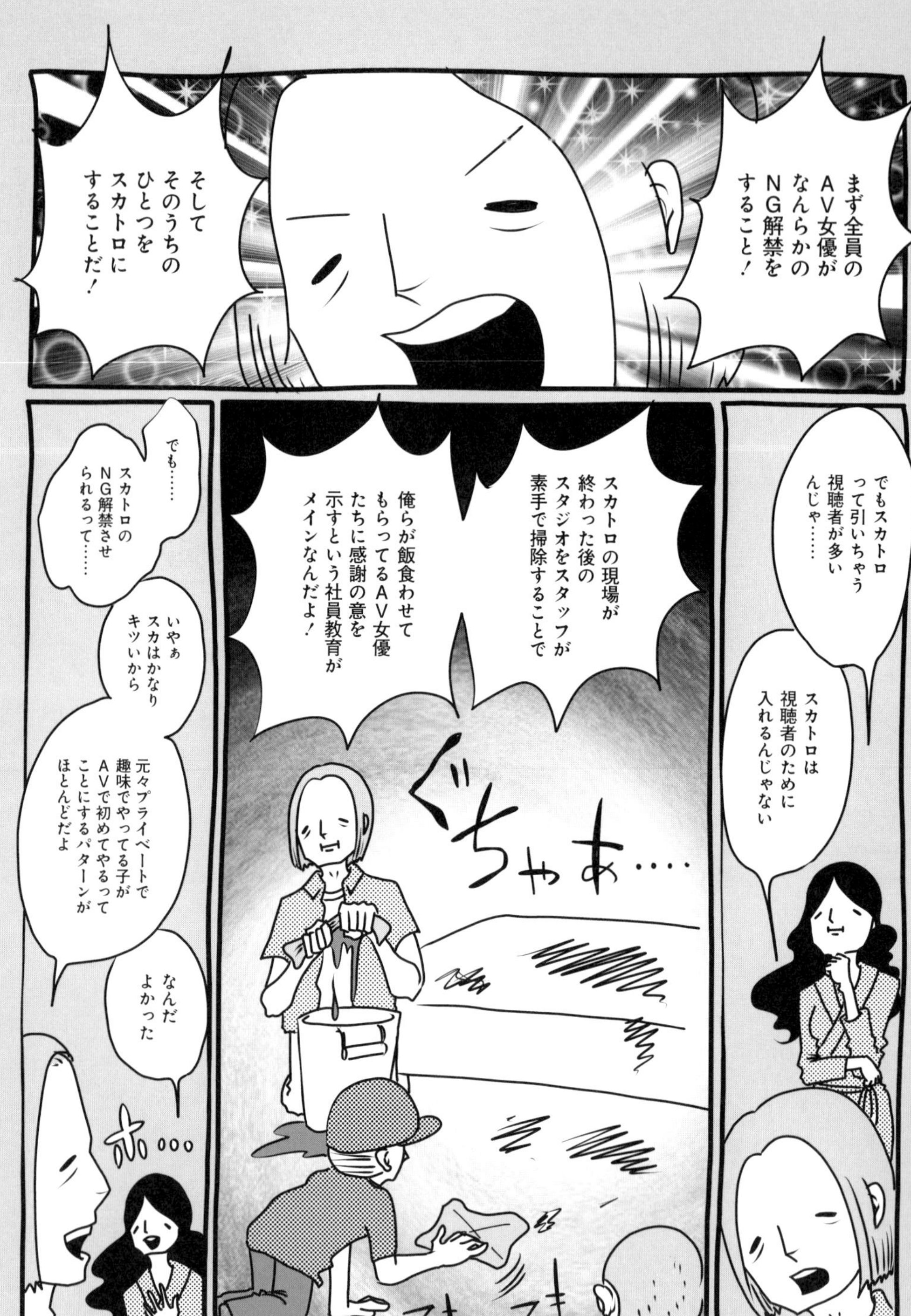
まず全員のAV女優がなんらかのNG解禁をすること！
そしてそのうちのひとつをスカトロにすることだ！
でもスカトロって引いちゃう視聴者が多いんじゃ……
スカトロは視聴者のために入れるんじゃない
スカトロの現場が終わった後のスタジオをスタッフが素手で掃除することで
俺らが飯食わせてもらってるAV女優たちに感謝の意を示すという社員教育がメインなんだよ！
ぐちゃあ….
フキ
フキ
でも……
スカトロのNG解禁させられるって……
いやぁスカはかなりキツいから
元々プライベートで趣味でやってる子がAVで初めてやるってことにするパターンがほとんどだよ
なんだよかった
ホ…

はよざいまーす！
いや〜現場来る前コンビニのトイレ寄ったら女子高生の後でさ〜
なんと便器にうんこがついてたからベロベロ舐めてきたよね！
超ラッキー！
うんこってどんな味なんですか？
うーん苦い……
あとは油っぽくてたまに固形物が混ざってて……
趣味でやってる男優 ←
苦いピーナッツバターみたいな味かな！

だからうんこが本当に合う食べ物は食パンなんだけど
みんな味噌を連想してきゅうりとかご飯と一緒に食べさせられることになるのがちょっと不満かな〜
うまい！
まずい!!
へえ……
自分で聞いたくせにちょっと引いてる →

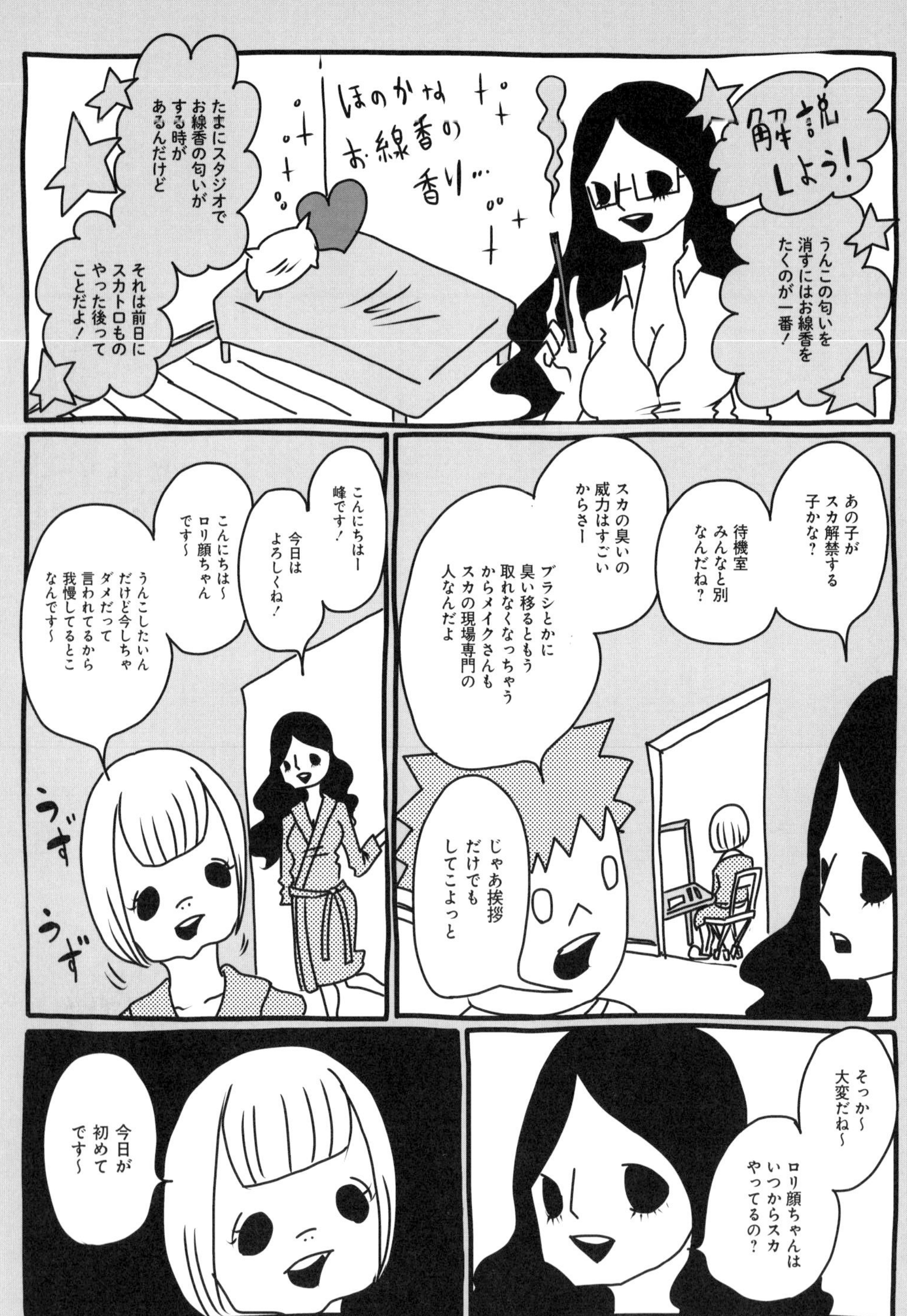
解説しよう！
うんこの匂いを消すにはお線香をたくのが一番！
ほのかなお線香の香り…
たまにスタジオでお線香の匂いがする時があるんだけど
それは前日にスカトロものやった後ってことだよ！
あの子がスカ解禁する子かな？
待機室みんなと別なんだね？
スカの臭いの威力はすごいからさー
ブラシとかに臭い移るともう取れなくなっちゃうからメイクさんもスカの現場専門の人なんだよ
じゃあ挨拶だけでもしてこよっと
こんにちはー峰です！
今日はよろしくね！
こんにちは〜ロリ顔ちゃんです〜
うんこしたいんだけど今しちゃダメだって言われてるから我慢してるとこなんです〜
うずうず
そっか〜大変だね〜
ロリ顔ちゃんはいつからスカやってるの？
今日が初めてです〜

ちょっと!!
プライベートでやってる子じゃないじゃないですか!?
たまにはそういうこともあるんだよ☆
はざーす!
あれっ!?
黒ギャルちゃん!?
なゆゆ!
久しぶりやんなあ!
SHAKE SHAKE
AV引退したんじゃないの!?
イケ男くんは!?
あのボケナス赤ちゃんが泣こうが喚こうが全然起きへんし
出産祝いとかっつって毎日のように飲みに行くわですぐ離婚したったわ!
赤ちゃんは責任を持ってウチが育てる!
そのためには金や!
AV復帰してガンガン稼ぐで〜!
帝王切開の跡

あっ熟女さんもいる！
熟女さんも先生役？
どよ…
……うん
そうなんだけど……
熟女さんどうかしたの？
妹ちゃんが東京女子大に推薦決まってね……
そうなんだ！すごいじゃん！
熟女さんががんばってきた甲斐があったね～！
その妹ちゃんから今日電話があってね……
お姉ちゃん！
私 彼氏の子妊娠したの！
妊娠したって言ったら推薦辞退するように先生に言われたし私専業主婦になる～♡
って……
私が今まで節約して中高一貫校行かせて留学までさせてきた意味って……
……
妹ちゃん……
妹ちゃんとの出会いは突然だった

ホギャ〜
ピニャ〜
ハァッ
ハァッ
ハァッ
ハァッ

Vol. 105
熟女さん13歳

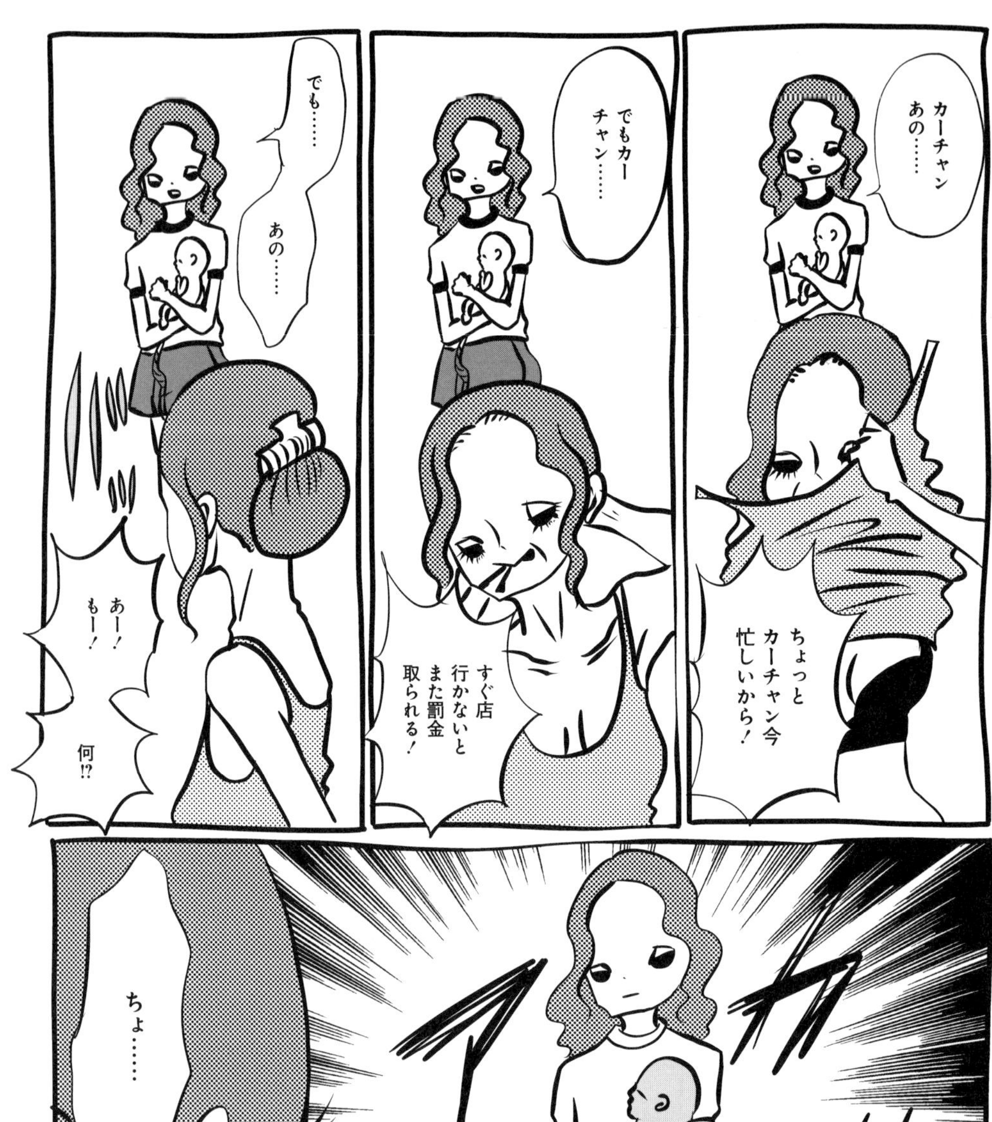
カーチャン
あの……
ちょっと
カーチャン今
忙しいから！
でもカー
チャン……
すぐ店
行かないと
また罰金
取られる！
でも……
あの……
あー！
もー！
何!?
ちょ……

ちょっと何コレ⁉
アンタが産んだの⁉
うんそう
最近なんかデブってると思ってたら……
ハァ…
なんでもっと早く言わなかったの⁉
えっと……
あーしも何回か言おうとしたんだけどそのたびにカーチャンが忙しいって……
で相手は誰⁉
相手？
セックスした相手‼
セックス……？

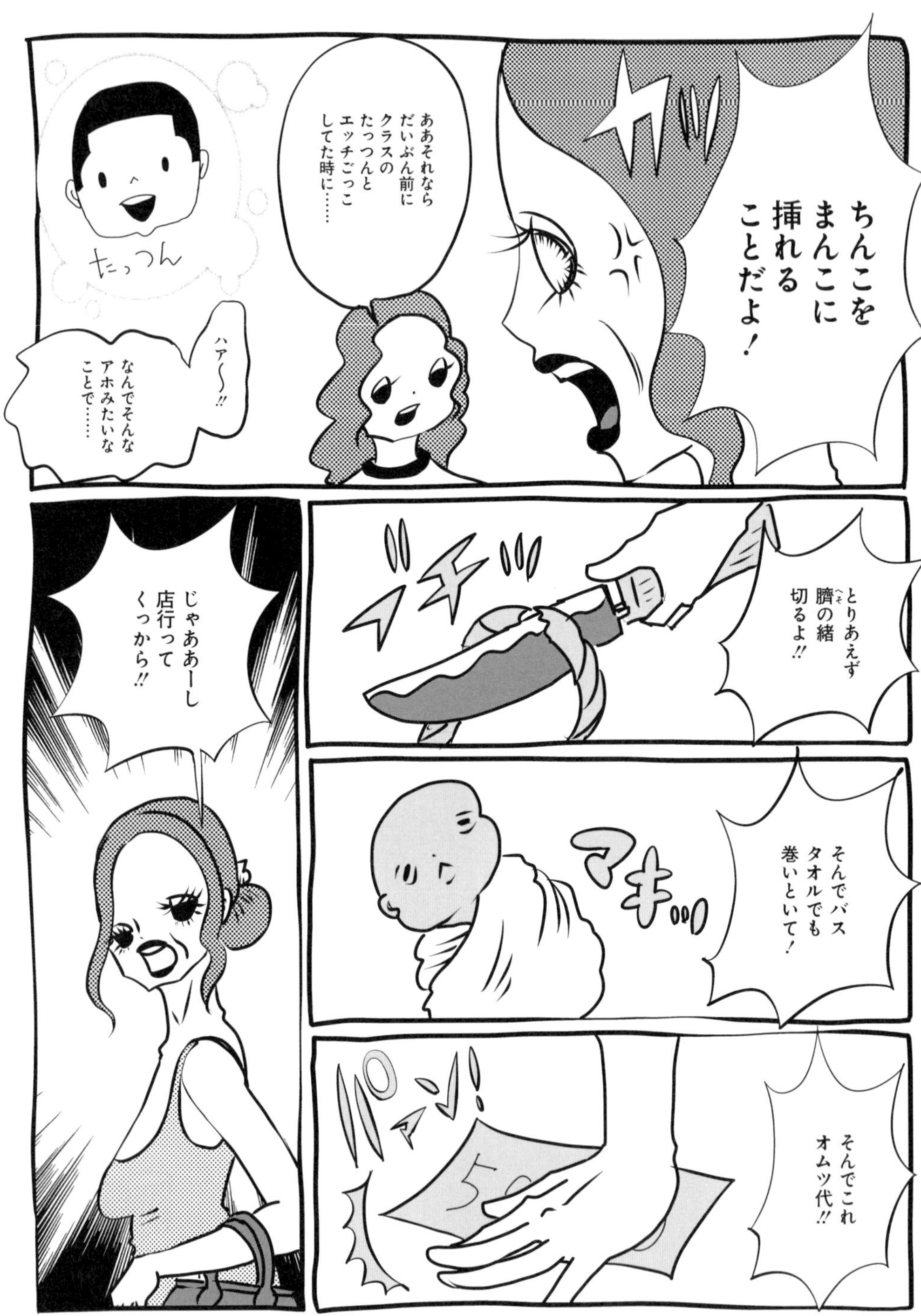
ちんこを
まんこに
挿れる
ことだよ！
ああそれなら
だいぶん前に
クラスの
たっつんと
エッチごっこ
してた時に……
たっつん
ハアー〜!!
なんでそんな
アホみたいな
ことで……
とりあえず
臍の緒
切るよ!!
そんでバス
タオルでも
巻いといて！
マキッ
そんでこれ
オムツ代!!
じゃああーし
店行って
くっから!!

ミネドラッ
てくてく
あの……
赤ちゃんに必要なものが欲しいんですけど……
え……？
えーと……
ミルク……
人肌……？
？
？
？
オギャーン!!
ぐったり…
やっと寝てくれた……
スヤ…
ガチャガチャ
バターン!!
ただいま～!!
オギャーン!!

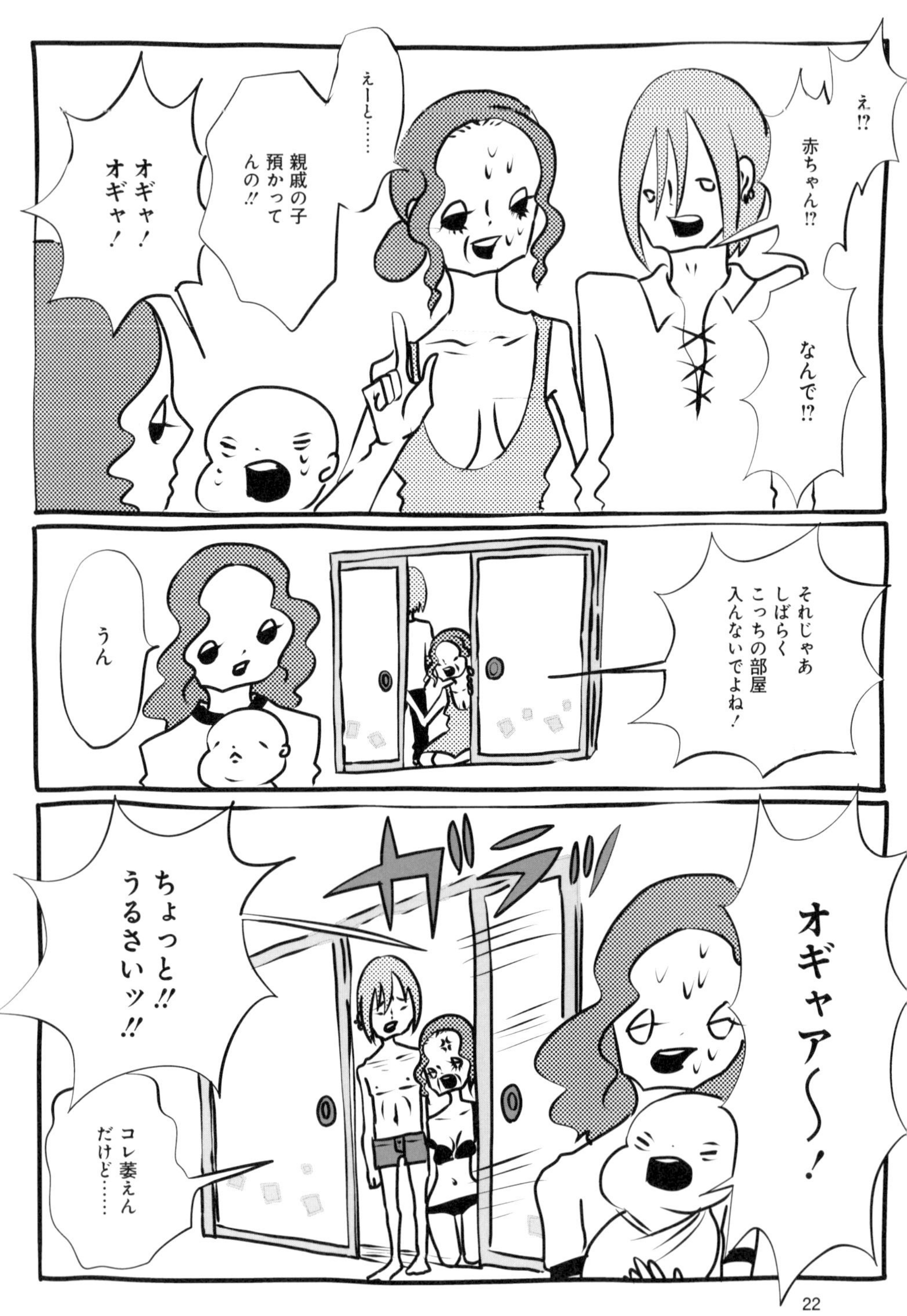

え⁉
赤ちゃん⁉
なんで⁉
えーと……
親戚の子預かってんの‼
オギャ！オギャ！
それじゃあしばらくこっちの部屋入んないでよね！
うん
ガラッ
オギャア〜〜〜！
ちょっと‼うるさいッ‼
コレ萎えんだけど……

俺今日は
もう帰るわ
あ……
ちょっと!
ブチィ
これでケン君と
別れることに
なったりしたら
アンタのせい
だからね!?
アンタなんか
産むんじゃ
なかった!!
産んでなんて
頼んでねえ
っつってん
だろ!!
三日に一度は
言い合う
あ……
なんか
おっぱいから
出てきた……
母乳
っしょ
ミルク
たけーから
母乳で育てな
じわ…
ちゅ
ちゅ
106
Vol.
コレはあんたの妹

にへらっ
か……っ
かわいい……っ!!
ぎゅ…っ
この子が私の……
私の娘ちゃん……
妹!!
コレはアンタの妹!
え? なんで?
こんな歳で娘がいるなんて知られたらロクな男捕まえらんねえだろ!!
私だってアンタさえいなければ今頃スナックなんかで働いてねえし!!
それがやっと手がかかんねえ年齢になったと思ったらまたガキこさえっし!!
アー!!
もうイヤー!!

気分わりー
からパチ
行ってくる！
ついでに出生届
私の娘って
ことにして
出してくっから

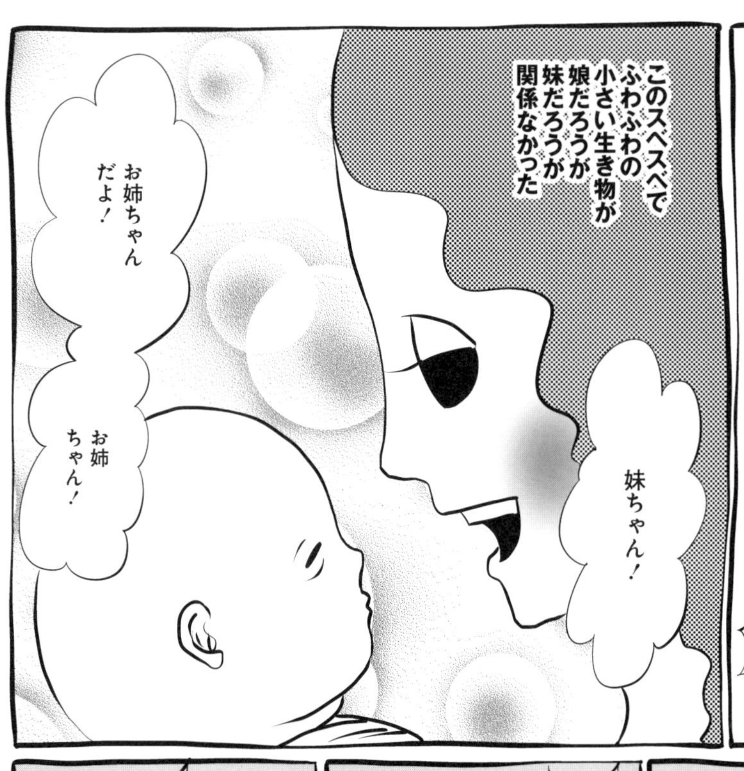
このスベスベで
ふわふわの
小さい生き物が
娘だろうが
妹だろうが
関係なかった
妹ちゃん！
お姉ちゃん
だよ！
お姉
ちゃん！

頑張れ！
寝返り！
あと少し！
ムギギ…

オギャアー!!
ギャアー!!
泣きたいのは
こっちだよ！

ネーチャ
いま姉ちゃん
って言った!?
言った!?

その間にもカーチャンの彼氏はコロコロ代わった

ところがある日カーチャンが「私たちの存在を知られてはいけない彼氏」を作ってきた

彼氏？
それが今いないんですよ～
本当ですって～
元夫とチビ二人はいるけど
俺……
店で働いてる子にこんな本気になったの初めてだよ
俺たち……
付き合っちゃう？
うんっ♡
よし！
チーママちゃんにシャンパン入れて！
あざ～す!!
ありがと～♡
うれし～♡
じゃあカーチャン彼氏んち行ってくっから
これで何か買って食ってて
カーチャン彼氏んち泊まってくっから
食費はここね
カーチャン2～3日彼氏んち泊まってくっから
食費これで足りるっしょ？

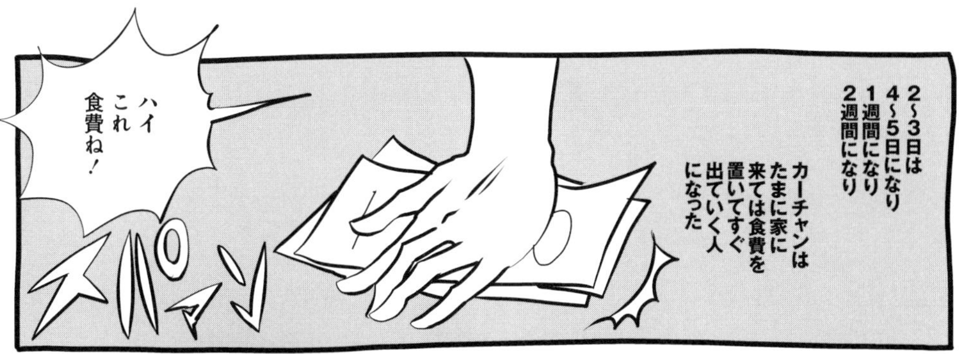

カーチャンが言うには
スナックで働いてる
シングルマザーの
彼氏になるような
男はバツイチの
ショボいおっさんか

ヤレれば相手の
年齢とか子供の
存在を気にしない
金玉頭の若者の
どちらかだそうで

ただ地黒さんは
そういうヤツらとは
違うとのことだ

Vol.107 カーチャンの新しい彼氏

X-girl

地黒さんは
カーチャンを
高いレストランに
連れてってたり

旅行に
連れて
行ったり

そのホテルの
ベッドにバラの
花びらを撒いたり
してくれるそうだ

大漁
私の人生でこれ
以上のアタリの
男に出会う
チャンスは
もうねえ!!

アンタ達のことは
今話すと地黒さん
引いちゃうかも
しれないから
もうちょっと
関係性が
深まってから
話すから!!

その
うちね!
絶対
そのうち
話すから!

ちょっと前まで
歌舞伎町の
キャバ嬢と
付き合ってたんだけど
向こうが
若すぎて話
合わなくてさ
やっぱ
チーママちゃん
くらいの年齢の
子が俺には
合ってるよ
だからもう
チーママちゃんの
お店行くのは
やめるよ
俺は客じゃなくて
チーママちゃんの
彼氏だからね
うんっ♡

地黒さんは
カーチャンの
パパじゃなくて
彼氏なので
カーチャンに現金を
渡すことはなく
チーママ
ちゃん
今日も
欠勤～?
金曜
なのに?
はあ
すんません
カーチャンの
スナック出勤日は
減る一方で
「そのうち話す」は
永遠に来る気配はなく
家には金がなかった

じゃあカーチャン
地黒さんとバリ
旅行行ってくる～♡

……もう食費
なくなっちゃっ
たねぇ
ママいつ
帰ってくる
のかな?

バチン
あ
電気
切られた

ママ帰ってこないね
そうだね
背中かゆい
お姉ちゃんもダニに刺されまくってるよ～
お揃いだね
お腹へった
ちょっと待っててね
よいしょっと
ハイッ
お水に砂糖と塩とかしたやつだよ～☆
底辺飯
え～またコレ？
ヤダ～
マーガリンとジャムのパン食べたいよう
ん～……わかった！
じゃあ妹ちゃんはアンパンマン観てて！
プルルルル…
サーセン面接してほしいんスけど日払いってできますか？
年齢？
18歳ス
モモコ
本当に18歳なの？
25歳とかじゃなくて？
18歳ス
18でそのおっぱいは……
完全母乳の勲章!!
↑15歳

オプションでセーラー服コス!!
俺高校教師なんだよね～！
本当はリアル18歳未満とヤリたいんだけど捕まるの怖いから
いつもセーラー服オプションにしてる！
あーしリアル18歳未満なんだけど
仕事に嫌悪感なかったわけじゃないけど
それ以上にいま私の手に八千円もある喜びのほうが上回った
わー！ちゃんとしたご飯だ!!
お姉ちゃんすごい!!
フフン
焼プリン
ナイススティック
マーガリン入り黒糖ロール
ポテトチップス
コンソメパンチ
イチゴジャム&マーガリン
UFO
のり弁
50%off
CUP NOODLE
ガツガツ
ムシャムシャ
ジュルルルルッ
好きなだけ食べな
これからは妹ちゃんがやりたがってたしまじろうのやつとか
メゾピアノの服も買ってやれっからね！
わーい！

デリヘルに週7出勤してるうちにどうやら高校は退学になっていたらしい
ガチャ
ただいま～
乳首いてぇ～
スー…
スー…
きれいな寝顔……
私の娘ちゃ……
妹ちゃんには絶対私みたいな仕事させないからね
デリでフル出勤してると妹ちゃんが寝た頃にしか家帰れないし
もっと妹ちゃんと過ごす時間がほしいな……
もっと短時間で稼げる仕事……
そんなうまい話ないよね……
ヒョコ
もっと短時間で稼げる仕事あるんだけど興味ない？

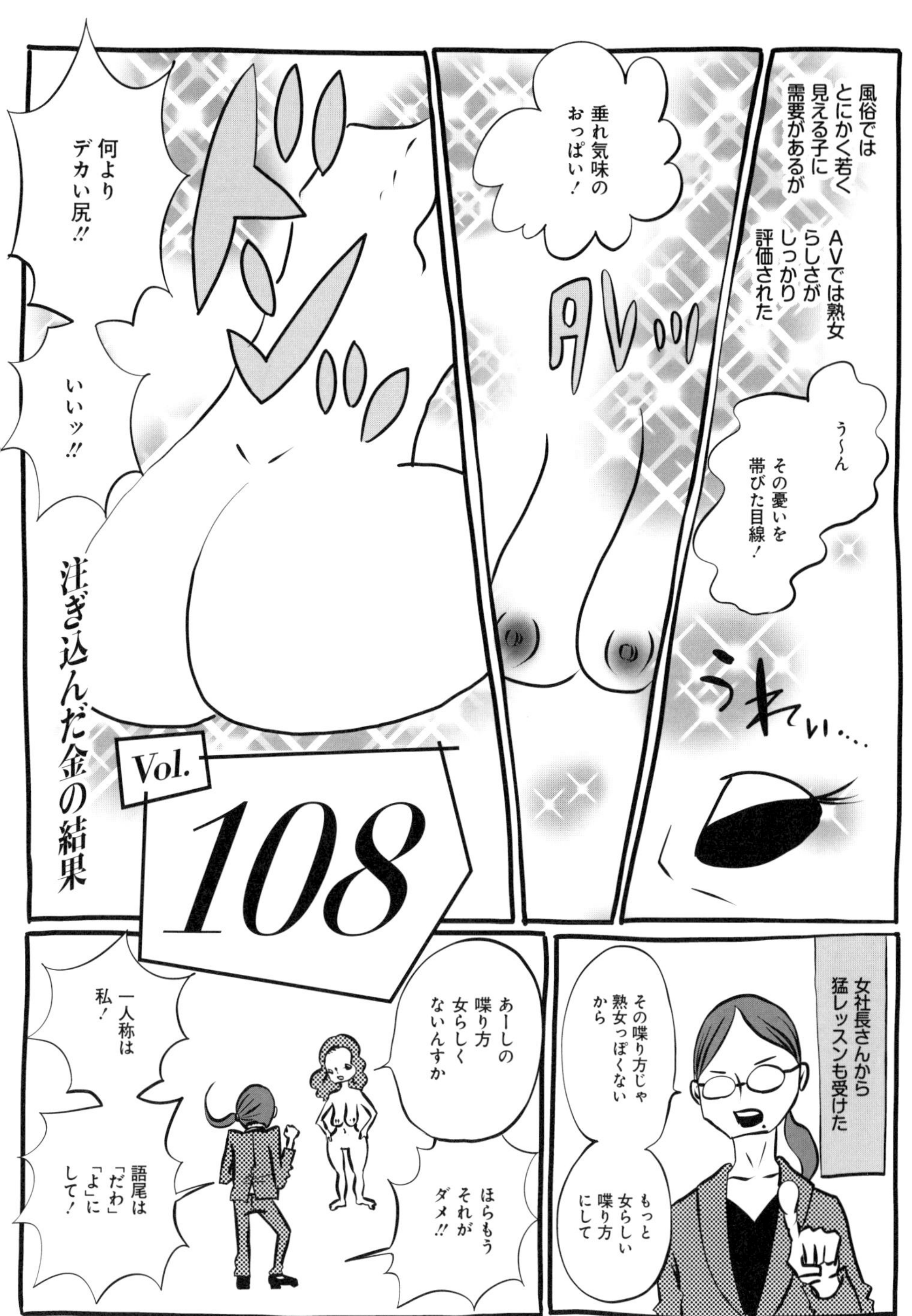
風俗ではとにかく若く見える子に需要があるが
AVでは熟女らしさがしっかり評価された
う～ん
その憂いを帯びた目線！
うれい…
垂れ気味のおっぱい！
タレッ
何よりデカい尻!!
いいいッ!!
ドゾゾゾン
注ぎ込んだ金の結果
Vol.
108
女社長さんから猛レッスンも受けた
その喋り方じゃ熟女っぽくないから
もっと女らしい喋り方にして
あーしの喋り方女らしくないんすか
ほらもうそれがダメ!!
一人称は私！
語尾は「だわ」「よ」にして！

妹ちゃんと
二人で引っ越す
お金はすぐに
貯まった
カーチャンと
離れ離れに
なっちゃうけど
妹ちゃんは
寂しくない……？
え？
別に？
カーチャン
なんて元々
ほとんど家
いないし
お姉ちゃんが
いればいいよ？
キュンッ
く……ッ♡
私たちが家を
出て行ったことは
カーチャン的にも
都合がよかったらしい
やっと家
呼んでくれ
るんだね
家古いから
恥ずかし
くて……
本当はいいところの
生まれなんだけど
親が事業に失敗して
仕方なく
あんなスナックで
働いてこんな
家に住むことに
なっちゃって……
チーママ
ちゃん……
今まで大変
だったんだ
ね……
でも
これからは
俺がつい
てるから！
ガバッ
地黒
さんッ♡

2週間後
試しに場末のスナックの子と遊ぶのも楽しかったんだけど
銀座のクラブの子と付き合うことになっちゃってさー
やっぱ俺にはああいうとこの子のほうが合ってるッつーかさー

あっ
「いいとこの生まれ」って嘘おもしろかったよ

え……？

またスナックで若い男漁りする日々に逆戻りか〜
ストロングゼロ

でもチビ二人が出てったからこれからは男連れ込み放題になるし♡
キャッピ

つってもバイトなんかで妹ちゃんの面倒まで見られんのか？
カネ無くなった〜とかっつって戻ってきたらめんどくせえな〜

その間に私は
AVに出演し続け
金を稼ぎ続けた
10000
お姉ちゃん
バイト行って
くっから
ちゃんと
公文の宿題
やっとくんだよ
は～い
習い事！
塾通い！
家庭教師！
中学受験！
入学金！
学費！
寮費！
短期留学！
卒業旅行！

そして
いよいよ
大学推薦
決定……

キャンパスライフを
満喫した後はいい
会社に就職して
同期の男の子と
結婚したりして……
ほく
ほく

妊娠した
から産む～
大学行くの
やめる～

あ……
相手の男は
どんなヤツ
なのッ!?

え～と
12個
年上で～
高校生を
妊娠させる
30歳……

ビデボ?
で働いてる
んだって♡
ビデオ
ボックス…

私が今まで
妹ちゃんに
注ぎ込んだ金！
金！
金‼
その結果が高卒で
ビデボのバイト
30歳男性との
結婚……？
ハイ
ハイ！
みんな
集まっ
て～！
峰さんの
解禁事項は
パイパン！
熟女さんの
解禁事項は
アナル
セックス！
黒ギャル
ちゃんの
解禁事項は
フィスト
ファック！
そしてロリ顔
ちゃんの
解禁事項が
スカトロだ！
じゃがりこ
最初は熟女さんの
アナルセックス
から撮るけど……
じゃあ
あーし……
イチジク
浣腸して
くっから……
フラ
フラ
熟女さんの
テンションが
低すぎて心配
だな……

ていうか熟女さんアナルセックス普段からやってるの？
ううん……初めてよ……
え⁉
それ大丈夫なの？
男優さんがプロの手でゆっくり開発してくれるから
素人の男とやるより全然痛くないしむしろ気持ちよくてハマっちゃう子が多いよ〜
ってP君が言ってて……
そういうものなのか〜
3！
2！
1！
キュー‼
ああ……
お尻でなんてされるの初めてよ……
恥ずかしいわ……
最初は細いのから挿れるから安心してね
Vol. 109
痛い！ もう一本！

……あら？
ちょ……
ちょっと痛いかしら？
次はもう一本……
え!?
ちょっと待って!?
痛った!!
ちょ……
一回抜いて……
よーしもう一本入れるぞ～
待って!?
もうマジで無理!!
うん！
よくほぐれたからそろそろちんぽ挿入かな！
全然ほぐれてねえっつーか
むしろ切れて血ィ出てるんだけど？

カットー！
熟女さん痛がってるんでちんぽはアナルじゃなくて膣挿入にしていいですかね？
ええそうね！
それがいいと思うわ!!
ブチィ
う〜ん
じゃあ仕方ないから今回は膣挿入にしとこっか
うふ♡
P君って優しいのね♡
ヌププ。。。
あっ♡
おまんこ全然痛くなくていいわあ♡
やっぱりおまんこよね♡
パンパン
突然のアナル挿入!!
ズボー。。。
痛ったあああああ！
パンパン
こうして油断をさせといて……

パンパン
やめろ!
てめえ動かすなっつってんだろ!!
殺すぞ!
普段は上品な女言葉使ってる熟女さんがキャラ崩壊……
いいねえ……
数十分のアナル開発でスルッとちんぽ挿入できるほどほぐれるわけないじゃんねえ

よーし最後はアナルセックスに付きものの二穴挿入だ!
ひぇ……
ズボ
ズボッ
おげぶ!!

いや〜
最初は熟女さんのテンション低くて心配したけど……
痛いと自然にテンション上がってくれるから良かったよ
ギャアアアア！
ウチも昔P君にまったく同じセリフで口説かれてアナル解禁して
男優さんがプロの手でゆっくり開発してくれるから……
全く同じ痛みを経験して
今はアナル絶対NGにしよる……
私もアナルは絶対NGにしよ……
痛あああああい!!
それより黒ギャルちゃんこそフィストファックって……
そんなもん拳より何倍もデカい赤ちゃん膣から出しとるんやから余裕やろ！
母は強し！
やで！
いや黒ギャルちゃん帝王切開だったんじゃ……
ほんまや！
逆子やったんや！
忘れよった！

ピュピュピュ……
カットー！
おはようございまーす
あ！痴女さんも来た！
やっと終わった……
ケツの穴が死んでる……
痴女さんは何やるの？
フィストファック
ヒエッ!!
痴女さんまで!?
ううん
ぐっ
私は拳を挿れる側

女
男
男の拳と女の拳のサイズ感は全然違うので
フィストファックを撮る際は挿入シーンだけ女の手を使うよ！
オラッ！
お前みたいなビッチには拳がお似合いだッ!!
ズボズボ
REC
……
声だけ出演
拳挿れられたことはないけど挿れた経験なら何十回とある！
Vol.
110
本当に感じちゃった？

じゃあ指
一本ずつ
増やしていく
シーンから
撮りまーす
キュー！
いっぽ～ん……
にほ～ん……
さんぽ～ん……
ああんっ♡
この調子
やったら
余裕やんな！
しかし
余裕なのは
三本目までで
四本目とも
なると……
うぐぅ……
いたぁ……
もう
嫌やぁ……
一旦
カットー！
ちょっと
休憩入れ
まーす！
痛がるシーンは
熟女さんでもう
撮っちゃってる
からさー
演技でいいから
なるべく気持ち
良さそうに
してね！
……普段のは
演技やないと
思っとるんか
コイツ……？

痴女さんって
いろんな仕事
してるんだねえ
あんま女の子が
痛がるとこ
見たくないから
もうフィスト
挿れる役はNGに
しようとしてたん
だけど……
でも今回は相手が
黒ギャルちゃん
だって聞いて
私より痛くなく
フィストできる
女優なんて他に
いないからこれは
絶対受けなきゃ
と思って
うる‥‥
痴女
さん……
ウチのことを
思って……!!
あのね
人間は痛いと
筋肉が緊張して
硬くなるでしょ
そうすると膣も
硬くなって余計に
痛くなっちゃうから
深呼吸してなるべく
楽しいこと考えて
わかった?
わかった!
楽しい
こと……
おとん～♡
違う
違うッ!!
イケ男
くん……♡
違う
違うッ!!
せや!
ウチの
赤ちゃんの
寝顔を思い
出して……
スピー
スピー

優しく……
ゆっくり……
とかやってると
余計痛いから
呼吸に合わせて
力が抜けた
瞬間に躊躇なく
一気に挿れる!!

今だ!!

グポポポッ

うぐっ!

お……っ

おおおおおおおおんっ♡

まず膣の中でグーして～
……あっ♡
マッチョ男優くんの拳大きいッ♡
何もしていない
次は膣の中でパーして～
んあああっ♡
膣広がってまう♡
何もしていない
それじゃあ動かしてくよ～
ああんっ♡
拳ピストン気持ちええっ♡
肘だけ動かして中は動かしてなり
イクッ♡
拳でおまんちょズボズボされてイッてまう♡
イク――――ッ!!

カットーッ!!
オメコめっちゃ血ぃ出よる……
私も黒ギャルちゃんの膣圧で手首に痣が……
二人ともお疲れさま！
黒ギャルちゃんと気持ち良さそうにしてたね！
もしかしてフィストで本当に感じちゃった？
殺したろうかコイツ……
じゃあ次の撮影はいよいよロリ顔ちゃんのスカトロだ〜！
ほ……
本当に大丈夫なの？
え〜？
何がですか〜？
歌舞伎揚

小学校の頃は
算数の時間だけ
ひまわり学級に
行っていた
おはじき
やる人〜？
は〜い
中学校は養護学校を
勧められたけど
お母さんの猛反対で
普通の学校に
行くことになった
うちの子は
普通の
子です!!
高校は
全部落ちた
……
バイト先では
どこでも
数日でクビに
なった
どうやったら
9千円の
釣り銭と
9万円
間違えて
渡すんだ
よ……
ハァ……
そんな私が
唯一できる
仕事はこれ
だけだった
ハァ
ハァ
ハァ
イク!?
イク!?
ん〜
イキ
ます〜
ロリ顔ちゃん
以外頼めない
Vol.
111

ハードレイプの撮影できる子探してるんだけどさ〜
どうしてもロリ顔ちゃん以外に頼める子いなくて！
はい〜
ハードSMの撮影できる子探してるんだけどさ〜
どうしてもロリ顔ちゃん以外に頼める子いなくて！
はい〜
スカのNG解禁できる子探してるんだけどさ〜
どうしてもロリ顔ちゃん以外に頼める子いなくて！
え〜……
でもスカって……
うんこ食べるやつですよね？
大丈夫！
今回のは体に塗ったりするだけで食べたりはしないやつだから！
ちょちょっと出してちょちょっと塗るだけ！
ね？
いいでしょ？
いいよね？
お願い
……はい〜

それじゃあ撮影前に抗生物質飲んで……と
抗生物質？
うんこ食べるとやっぱ具合悪くなって熱出して寝込んだりしちゃうからさー
抗生物質飲んどくとマシになるんだよ
ロリ顔ちゃんも飲んどいたほうがいいよ
う～ん…うんこが……
え……
でも私は塗られるだけで食べないって……
一応念のため！
ね？
……は～い
ところでAD君
なんすか？
というわけでこのシーンの監督はAD君に任せるから！
俺は別室で待機してっからさ！
君も長年ADやってて
そろそろ1シーンくらい監督やってもいい頃合いだと思うんだよね
ポム

くっそ……
自分がスカの現場やりたくないからって……
まずは排便シーンから撮るぞ！
でも下積み始めて三年！
初めての監督業だ！
う〜ん……

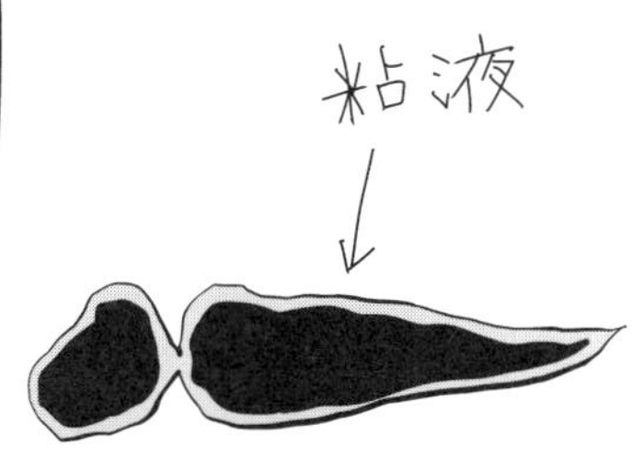

一度その膜が破れると本領を発揮する!

じゃあこれを体に塗って……

ねちゃあっ

プゥウウウウ

くっさアアアアアアア!!

パンパン
ああ～
女の子のキレイな体に汚いうんこがついている……
なんてエロいんだ……
おいしいおいしい♡おいしい♡
おえっ
うえっ
ピュピュ…
カットー！
オエップ
じゃあ私シャワー浴びてきま……
ちょっと待って！
まだちょっと残ってるからさあ
食べるのチャレンジしてみない？
一口だけ！
ね？
いいでしょ？
いいよね？
お願い！
クゥ～ン
……はい～

Vol. 112

わたし今
うんこ食べてるよ

「うんこ体に塗って」と
「うんこ食べて」の
間には深くて
暗い溝がある!!

うんこ食べて

うんこぬって

誰もオッケー
しない……

AV女優10人中
1人がオッケー！

よく
やった
AD君！

あざっす！

女子の食糞が
あるのと
ないのとでは
スカマニアの
反応が大違い
だからな！

じゃあ早速
カメラ回し
まーす！

パクッと
いっちゃ
お～！

でも一回体に
うんこ塗っちゃえば
うんこを食べる
ことへのハードルが
ぐっと下がる！

うんこぬる前

食べるのは
無理です

うんこぬったあと

一口くらい
なら……

えいっ
パク
3!
2!
1!
キュー!
もぐ
もぐ
プル
プル
プル
苦い……
そういえば
小さい頃私が
どんぐり
食べちゃった
ときも苦かった
なあ……
ビ
シャ
苦ッ!
あんた何
食べたの!?

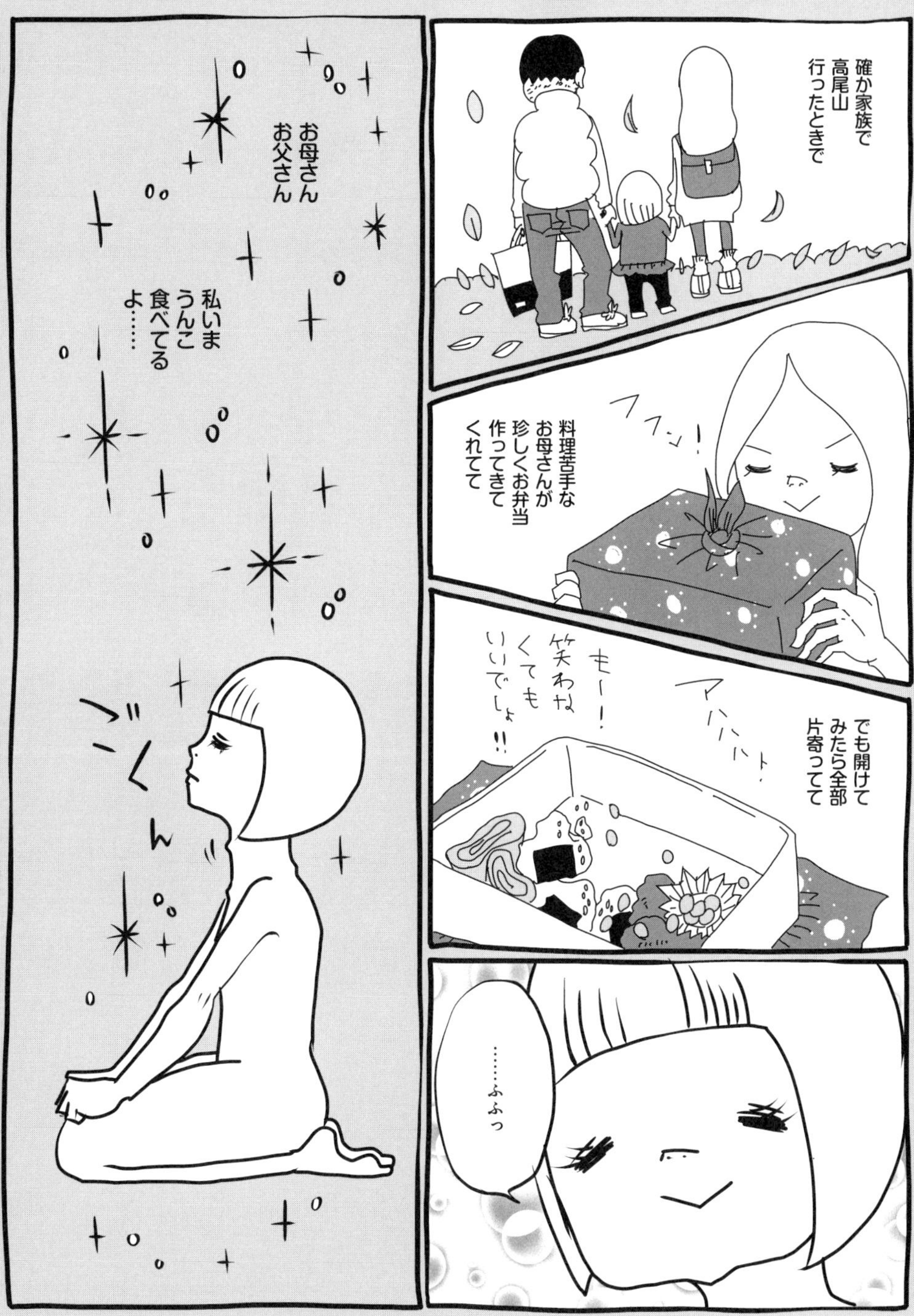
確か家族で
高尾山
行ったときで
料理苦手な
お母さんが
珍しくお弁当
作ってきて
くれてて
フフーン！
でも開けて
みたら全部
片寄ってて
アハハハ！
もー！
笑わなくてもいいでしょ!!
……ふふっ
お母さん
お父さん
私いま
うんこ
食べてるよ……
ごくん

ボロッ
うぐっ
お母さ〜〜ん!!
うわあ〜〜ん!!
ちょっとこれは……
一旦カットして……
回せ!!
めちゃくちゃいい絵だろ!
カメラ止めんな!!
わかりました……!!
マジでうんこ食べちゃったんだ?
……はい
REC
お母さんとお父さんに申し訳ないと思わないの?
……思います
REC

じゃあちゃんとカメラに向かって謝罪しようね
えっと……
ひっく……
ご……ごめんなさ……
お母さんががんばって産んでくれて
お父さんががんばって働いてくれてここまで育ててくれたワケじゃん?
もっとちゃんと謝罪しなきゃ
うぐ……
う……うんこ食べちゃって……
も……申し訳ありません……
もっと大きい声で!
ガバッ
うんこ食べちゃって!!
申し訳!
ありませんッ!!
うわぁ〜〜!!
もうヤダァ〜〜!!
カットーッ!!
ヨッシャ!

すっげえ
いい絵
撮れたよ！
AD君才能
あるね君
あざっす！
今度新しく
ハード作品を
中心にした
メーカー作る
予定なんだけど
そこで監督
やんない？
い……
いいん
ですか!?
使用済みバイブ
洗ったり
使用済み
コンドーム
処理したりして
苦節三年……
いよいよ俺も
自分の作品が
撮れるんだ……!!
うぐっ
うえっ
びえ～～ん!!
ちょっと
うるさい
からさー
いい加減
静かにして
くんない？
ワク
ワク

Vol. 113 かわいそうなゾウ

はい！撤収ー!!

伝統の素手でスカトロ現場掃除だ！

あの……掃除って……

しかも素手でってイヤじゃないんですか？

はい
お弁当
でーす！
お茶はここに
注いであるからね～
ん？
なんで
監督くんが
そんなAD
みたいな
仕事を？
だってスカ
掃除したあとは
手洗っても
お昼ご飯配る
ときに大腸菌
とか心配じゃん？
だから一人だけ
掃除しない
スタッフが
必要で俺が
その役を引き
受けたんだよ
ああ～
俺も掃除した
かったな～
惜しい
な～
どこまでも汚れ仕事はしたくない監督くん!!
……
じゃあ最後の
シーンは
峰さんの
パイパン解禁
やりまーす！
は!?
私はあんな地獄を
味わったのに
なゆゆは毛を
剃られるだけ!?
なゆゆは
楽でええ
なあ
しらっ
いや～
メンゴ
メンゴ☆
イスに
座れなり

ただひとつ
懸念することが
あるとすれば
相手の男優が
スカ男優くん
なこと!!
イェ～イ!
うんこも
好きだけど
パイパンも
大好き～☆
もちろん
シャワー
浴びたあと
なんだろうけど
数時間前まで
うんこまみれだった
体の人とセックス
するのか……
でも
ロリ顔ちゃんが
いる手前
「ロリ顔ちゃんの
うんこ食った
男優はNG
です!!」
なんて言え
ない……!!
ぼけっ
カメラ回し
まーす!
ギシ
くんくん…
よし……
臭くは
ないな……
べろり
でも後生だから
キスだけは……
キスだけは
NGにさせて
ください!!

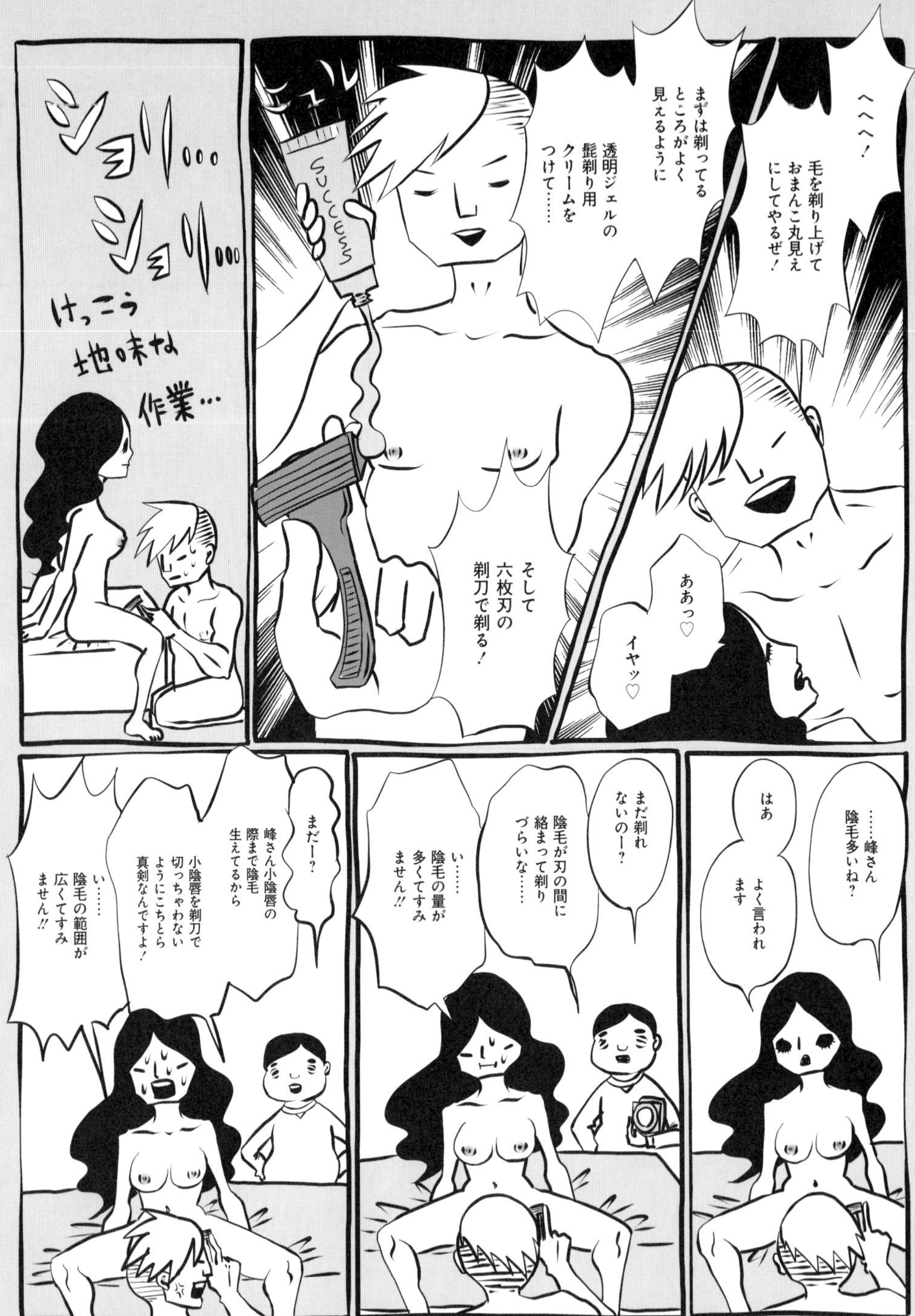
へへへ！
毛を剃り上げて
おまんこ丸見え
にしてやるぜ！
ああっ♡
イヤッ♡
まずは剃ってる
ところがよく
見えるように
透明ジェルの
髭剃り用
クリームを
つけて……
SUCCESS
そして
六枚刃の
剃刀で剃る！
ショリ…
ショリ…
けっこう地味な作業…
……峰さん
陰毛多いね？
はあ
よく言われ
ます
まだ剃れ
ないのー？
陰毛が刃の間に
絡まって剃り
づらいな……
い……
陰毛の量が
多くてすみ
ません!!
まだー？
峰さん小陰唇の
際まで陰毛
生えてるから
小陰唇を剃刀で
切っちゃわない
ようにこちとら
真剣なんですよ！
い……
陰毛の範囲が
広くてすみ
ません!!

よし！
やっと全部剃れた！
モジャ…
ううう……
剃刀負けしてまんこがヒリヒリする……
ヒリヒリ
じゃあいよいよちんぽ挿入だ！
毛がないから挿入してるとこが丸見えだぜ～！
イヤッ!!
恥ずかしい!!
全然恥ずかしくなり→
オラッ！
お前もちんぽ挿入されてるところを見ろ！
ああんッ♡
ちんぽが出たり入ったりしてるぅ♡
↑角度的に女は挿入部分が見えなり
ツルツルおまんこに金玉がこすれて気持ちいいぜぇ～
ハァ
ハァ
ハァ
↑
実際はジョリジョリまんこに金玉がこすれて痛り

象の皮膚……

パオーン

「象の皮膚」はそれまでもこれからも

最も傷ついた悪口ナンバーワンの座に居座り続けることとなった!

お疲れ様でーす
お疲れでーす
じゃあ送ってくからウチの子は私の車乗って
はーい
あれ？
黒ギャルちゃんって女社長さんの事務所だったっけ？
前の事務所なんて辞めたったわ！
なんつったって契約期間終わるまで出演し続けたったからな！
Vol. 114
あの日からずっとこんなふう
ギャルママ
母乳
乳だくだく
産後で感度が上がったギャル妻と乳しぼりド淫
それで私たちの事務所に移ってきたんだよね
前のヤクザ事務所よりかは全然いいところよね
そう私は黒ギャルちゃんを移籍させた

ガチッ
……で
じゃあ 黒ギャルちゃんは 今度からそっちで 面倒みるっ つーことで
そう ですね
わかってると 思うけど
そのためには 芸名変えて もらわないとね？
それって そちらに
メリット まったくなく ないですか？
こっちも 芸名変えたら デメリット 多すぎですし いい加減やめに しません？
黒ギャルちゃんは そっちに移籍した かもしんないけど 「黒ギャルちゃん」 っていう商品名は ウチのもんだから
これ早い話が ただの 嫌がらせ ですよね？
解説しよう！
たまにAV女優が なぜかいきなり 芸名を変える ことがあるが
それは何かしら トラブルが あって事務所を 移籍したと いうことだよ！
ファンの人からの 検索に引っかから なくて売り上げが ガクッと落ちる上に 誰にも得がない AV業界の慣例だよ！

これが
仁義っつー
もんなんだよ
ドガン
ビクッ
じゃあ芸名は
変えるっつー
ことで決まりで
……はい
バタン
ハア～……
893事務所
ハアハア……
ドキ
ドキ
ドキ
あんな
大きい音
出さなく
ても……
まだ
動悸が……

うわっ
しかも後ろから男っぽい影が早足で近づいてくる……
ビクッ
でもこのパンプスは走れるやつだから……
いや待てよ？
急に走ったりしたら余計に相手を刺激しちゃう？
ぬっ
ヤバ……
スタスタ
あ……
普通に通り過ぎていった……
よかった……
やっと家ついた……
ピッピッ
ウィーン
……ッ!!
スタスタ
人が開けたオートロックに便乗して入ってくるおじさん〜!!

エレベーター早く閉まれ！
閉まれ！
ガチッ ガチッ
ガシッ
いざとなったら……
カギ
のっし
のっし
ああ〜
一緒に乗られてしまった〜
ウィーン……
あれ……？
しかも一緒の階で降りる気？
701
のし
のし
どうしよういきなり殴られたら……
部屋に押し入られたら……

ドックン
ドックン
ドックン
ドックン
ガチャ
あらお父さん お帰りなさい
ただいまー
おっ 今日 カレー？

ガチャ
ガチャ
バタン
ドク
ドク
ドク
ふー……

まあ本当に
笑っちゃうくらい
ありがちな話だから
今更わざわざ
言うほどのことでも
ないと思うんだけど
Vol.115
私は大丈夫
ミサキって
痴漢されたって
朝からうるさ
かったけどさ～
アレ絶対
自慢
入ってる
よね～
分かる～
「私ってば痴漢に
狙われちゃうほど
魅力的なんですぅ～」
痴漢なんかに
あったら金玉
蹴り飛ばし
ちゃえば
いいのに
それくらい
しても
許される
よね～
あ
もう10時
じゃん
そろそろ
出よっか
ザァアアアア
うわー！
雨すごー!!
グローバル経営学

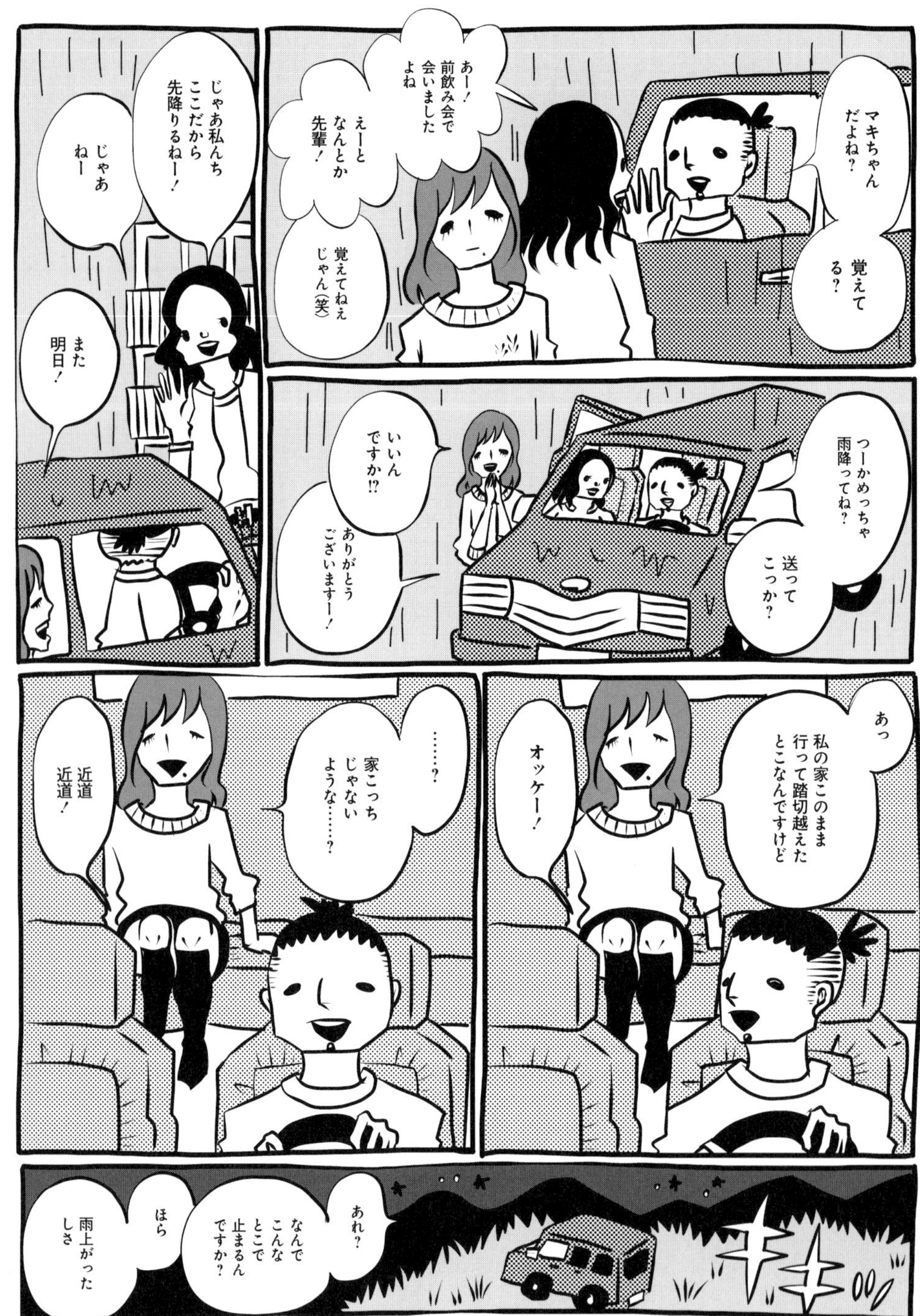
マキちゃんだよね？
覚えてる？
あー！前飲み会で会いましたよね
えーとなんとか先輩！
覚えてねえじゃん(笑)
じゃあ私んちここだから先降りるねー！
じゃあねー
また明日！
つーかめっちゃ雨降ってね？
送ってこっか？
いいんですか!?
ありがとうございますー！
あっ
私の家このまま行って踏切越えたとこなんですけど
オッケー！
……？
家こっちじゃないような……？
近道近道！
あれ？
なんでこんなとこで止まるんですか？
ほら
雨上がったしさ

夜景綺麗でしょ？
ハ……
ハア……
君さあ夢とかあるの？
えっと……
会計士になることですけど……
へーつまんないね
俺はねー映画監督になること!!
へえ……
そうなんですね……
じゃあジャンケンしよっか？
え？
何の……
いいからいいから
パッ
グッ
じゃーんけーんポン！
あ〜
負けちゃったね〜
じゃあ罰ゲームね！
カチャ
カチャ

え……
何……
ぐいっ

ドサッ
これヤバい
ヤツじゃ……

こういう
時は
金玉
を……
金玉を
蹴る……

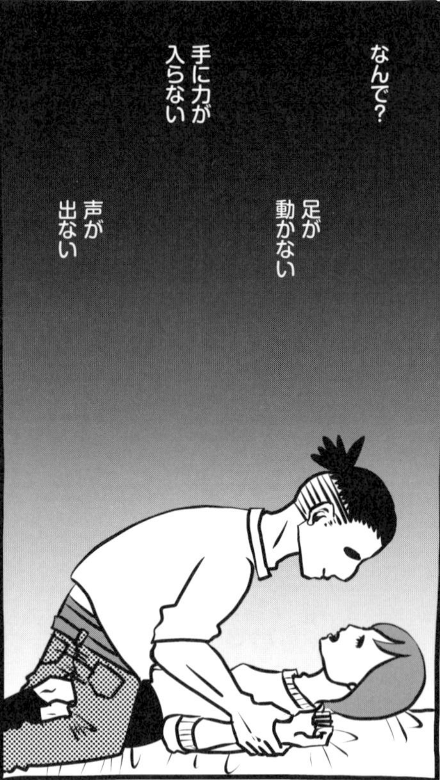
なんで？
足が
動かない
手に力が
入らない
声が
出ない

ズ
ひ……

じゃあ舐めて
ボロン
ちんこを……
ちんこを噛み切る……?
本当にそんなことできるのか?
できたとしても逃げられないんじゃ?
殺されるんじゃ?
歯ァ立てたら殴るからね(笑)
ズボ
……
ギシ
ギシ
ギシ
ギシ
あっ
出る
ギシ
ギシ
ギシ
ギシ

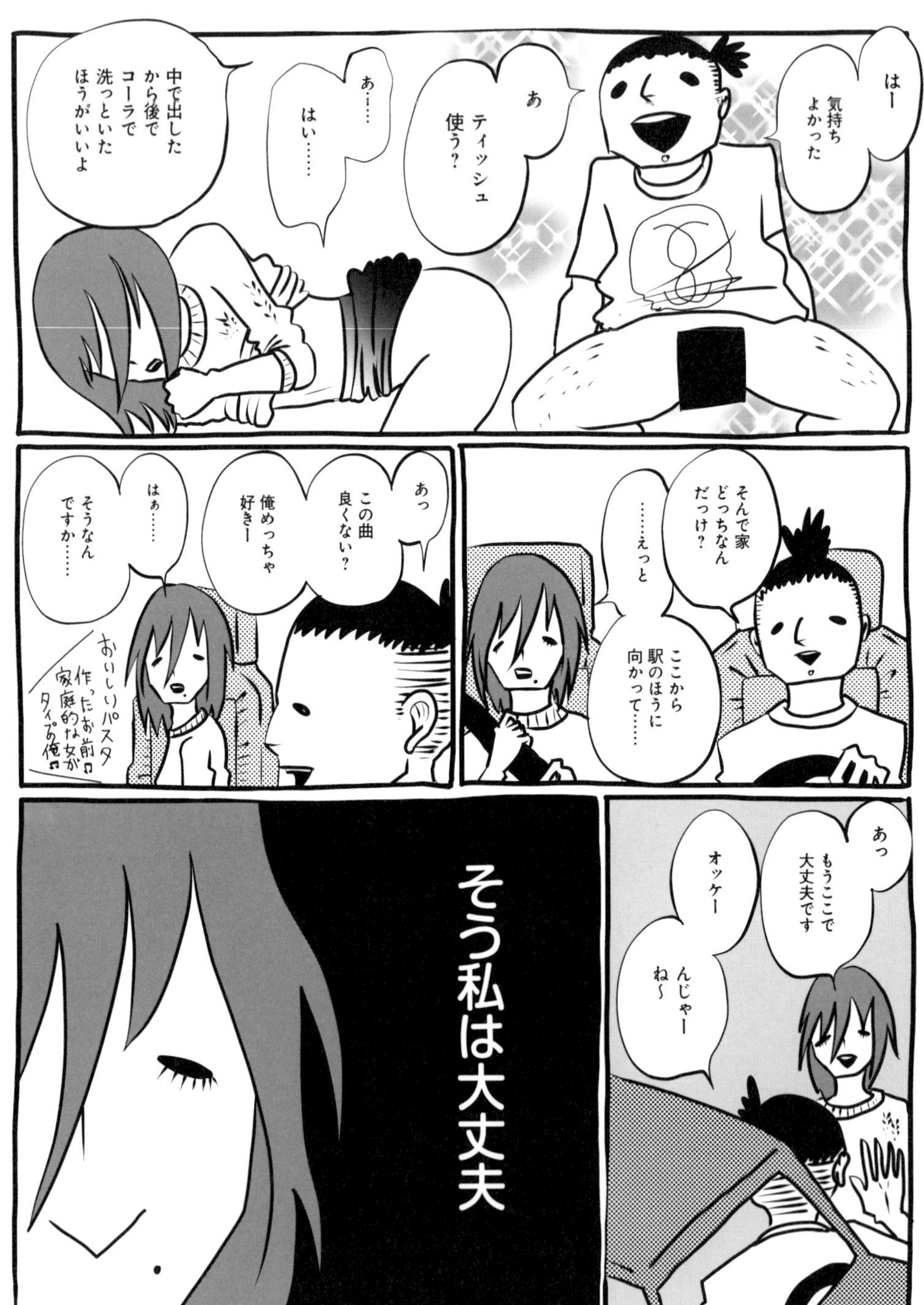
はー
気持ち よかった
あ
ティッシュ 使う？
あ…… はい……
中で出した から後で コーラで 洗っといた ほうがいいよ
そんで家 どっちなん だっけ？
……えっと
ここから 駅のほうに 向かって……
あっ この曲 良くない？
俺めっちゃ 好きー
はぁ……
そうなん ですか……
おいしいパスタ 作ったお前♫ 家庭的な女が タイプの俺♫
あっ もうここで 大丈夫です
オッケー
んじゃー ね～
そう私は大丈夫

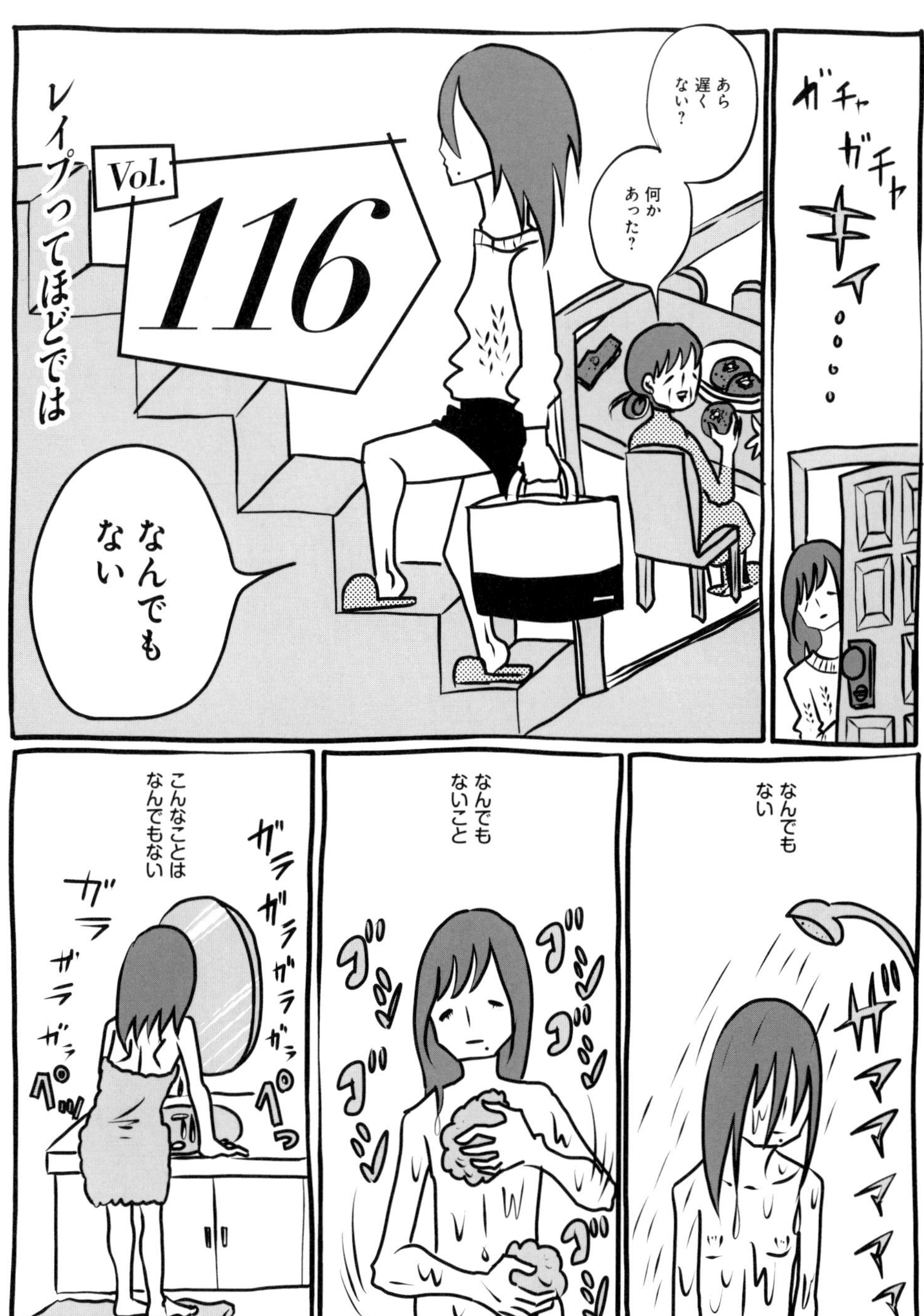
ガチャ
ガチャ
キィ……
あら
遅く
ない?
何か
あった?
Vol.
116
レイプってほどでは
なんでも
ない
ザァァァァァァ
なんでも
ない
ゴシ
ゴシ
ゴシ
ゴシ
ゴシ
なんでも
ないこと
ガラガラガラガラ
ペッ
ガラ
ガラ
ガラ
ペッ
こんなことは
なんでもない

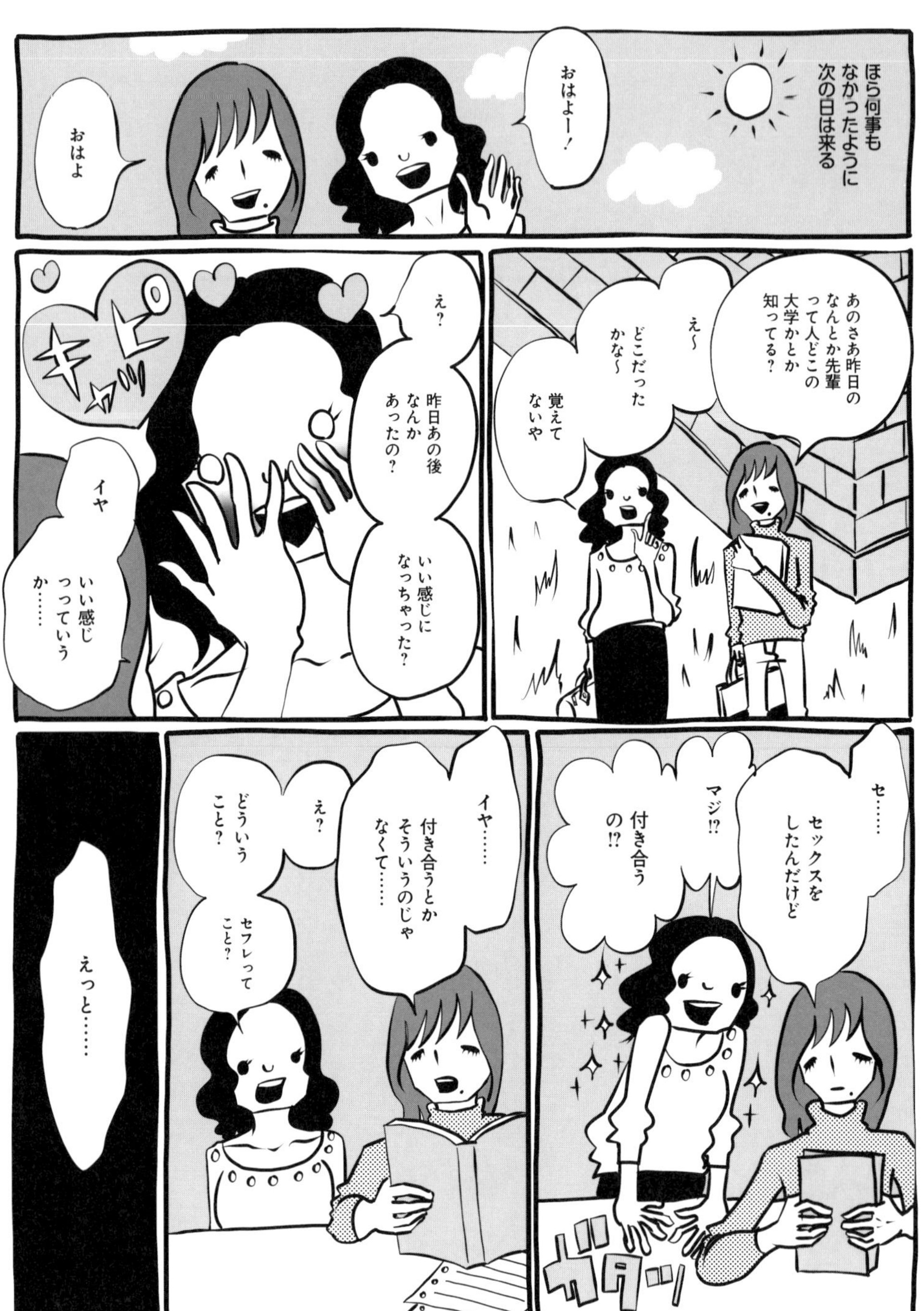
ほら何事も
なかったように
次の日は来る
おはよー！
おはよ
あのさあ昨日の
なんとか先輩
って人どこの
大学かとか
知ってる？
え～
どこだった
かな～
覚えて
ないや
え？
昨日あの後
なんか
あったの？
いい感じに
なっちゃった？
イヤ
いい感じ
っていう
か……
セ……
セックスを
したんだけど
マジ!?
付き合う
の!?
イヤ……
付き合うとか
そういうのじゃ
なくて……
え？
どういう
こと？
セフレって
こと？
えっと……

ふーん
ちゃんと拒否したり叫んで助け呼んだりした？
金玉蹴った？
それは……
してないけど……
でもさあ別に殴られたりナイフで脅されたりしたわけじゃないんでしょ？
終わった後も普通に話したり家まで送ってもらったりしたんでしょ？
じゃあ別にアンタもそんなイヤだったわけじゃないんじゃない？
それは……
つーか自慢？
私男に無理矢理ヤラれちゃうほど魅力的なんですぅ～ってヤツ？
は……？

じゃないと私の
アレもコレもソレも
レイプで被害者って
ことになっちゃう
じゃん
あのさぁ
ミサキ……
悪いけど
話聞こえ
ちゃった
それは
レイプ
だよ!!
レ……
レイプって
ほどでは……
レイプ
だよ!!
絶対すぐ
警察行った
ほうがいい!!
シャワー
浴びちゃった？
アフター
ピル飲んだ？
そのとき
着てた
服は？
え!?
捨てちゃっ
たの!?
婦人科は
行った？
ううん……

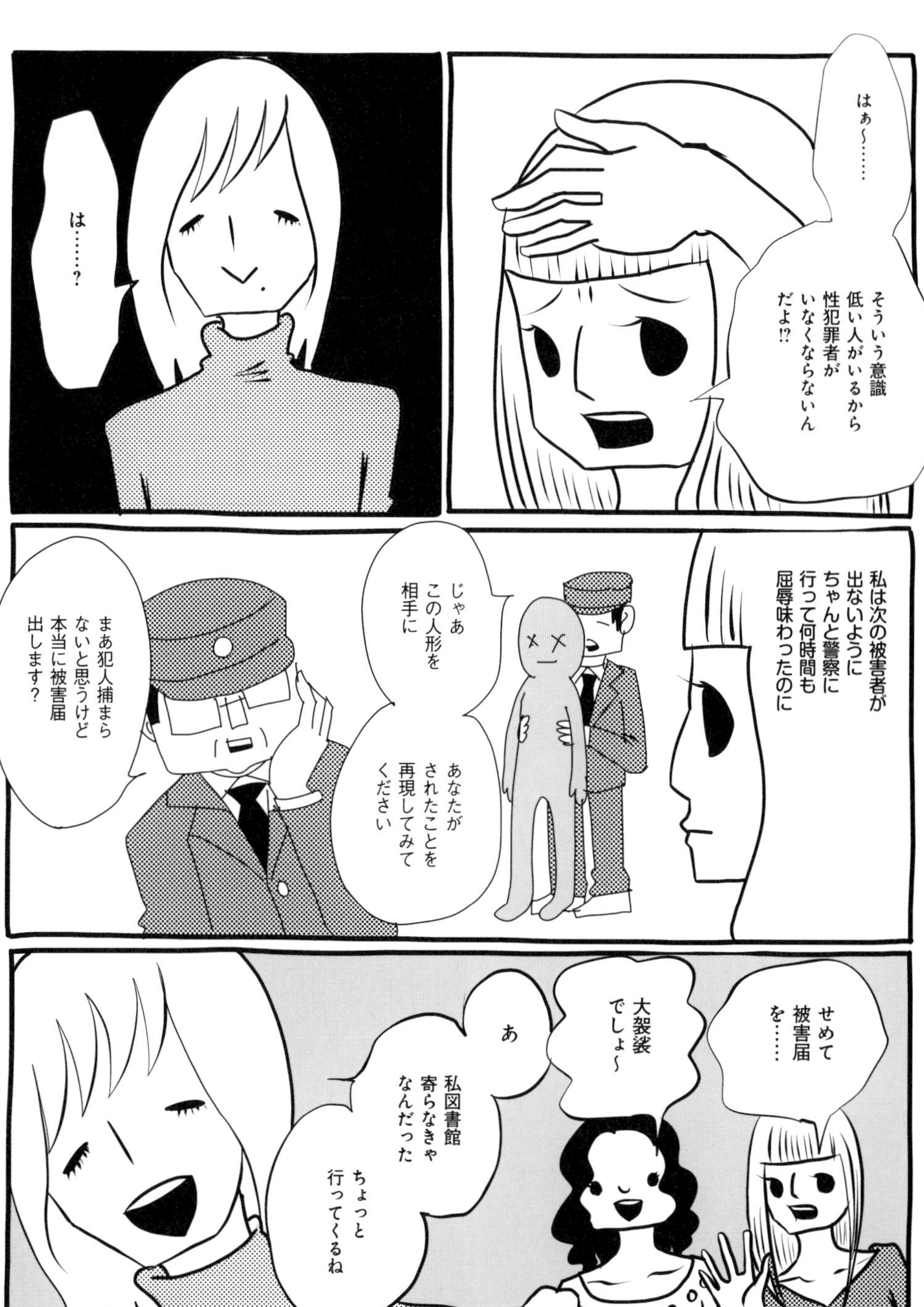

はぁ〜……
そういう意識低い人がいるから性犯罪者がいなくならないいんだよ!?
は……?
私は次の被害者が出ないようにちゃんと警察に行って何時間も屈辱味わったのに
じゃあこの人形を相手に
あなたがされたことを再現してみてください
まぁ犯人捕まらないと思うけど本当に被害届出します?
せめて被害届を……
大袈裟でしょ〜
あ
私図書館寄らなきゃなんだった
ちょっと行ってくるね

車のナンバー
なんて覚えてない

相手の顔すら
ぼんやりしていて
覚えてない

こんな情報だけで
あの男が捕まる
とも思えない

捕まったところで
私が元に戻る
わけじゃない

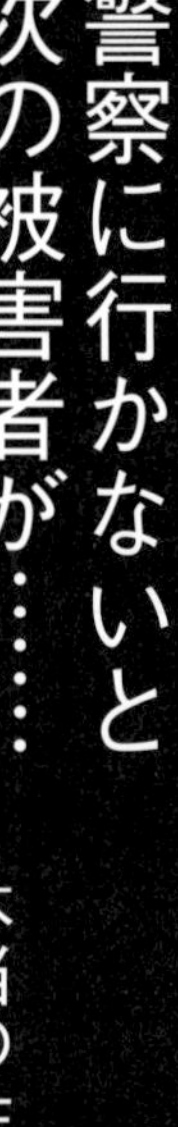

犬に噛まれたと
思って忘れなよ

本当の性犯罪被害者なら
名乗り出たりできないはず

お酒でも飲んで
たんじゃない？

男の車に乗ったら
それは仕方ないよ

こういうことは女にも
落ち度があるよね

男はそういう
生き物なんだから

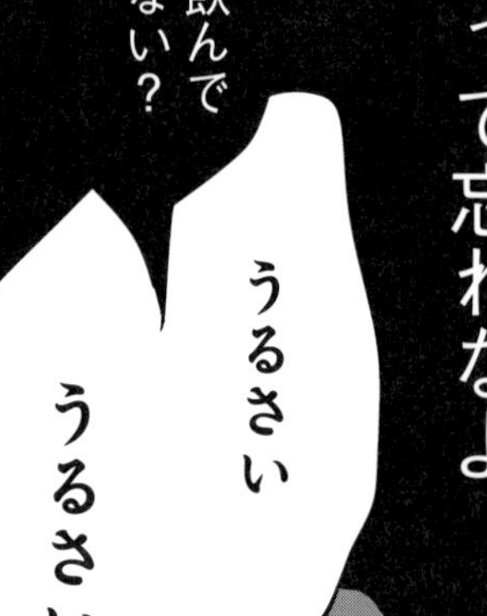

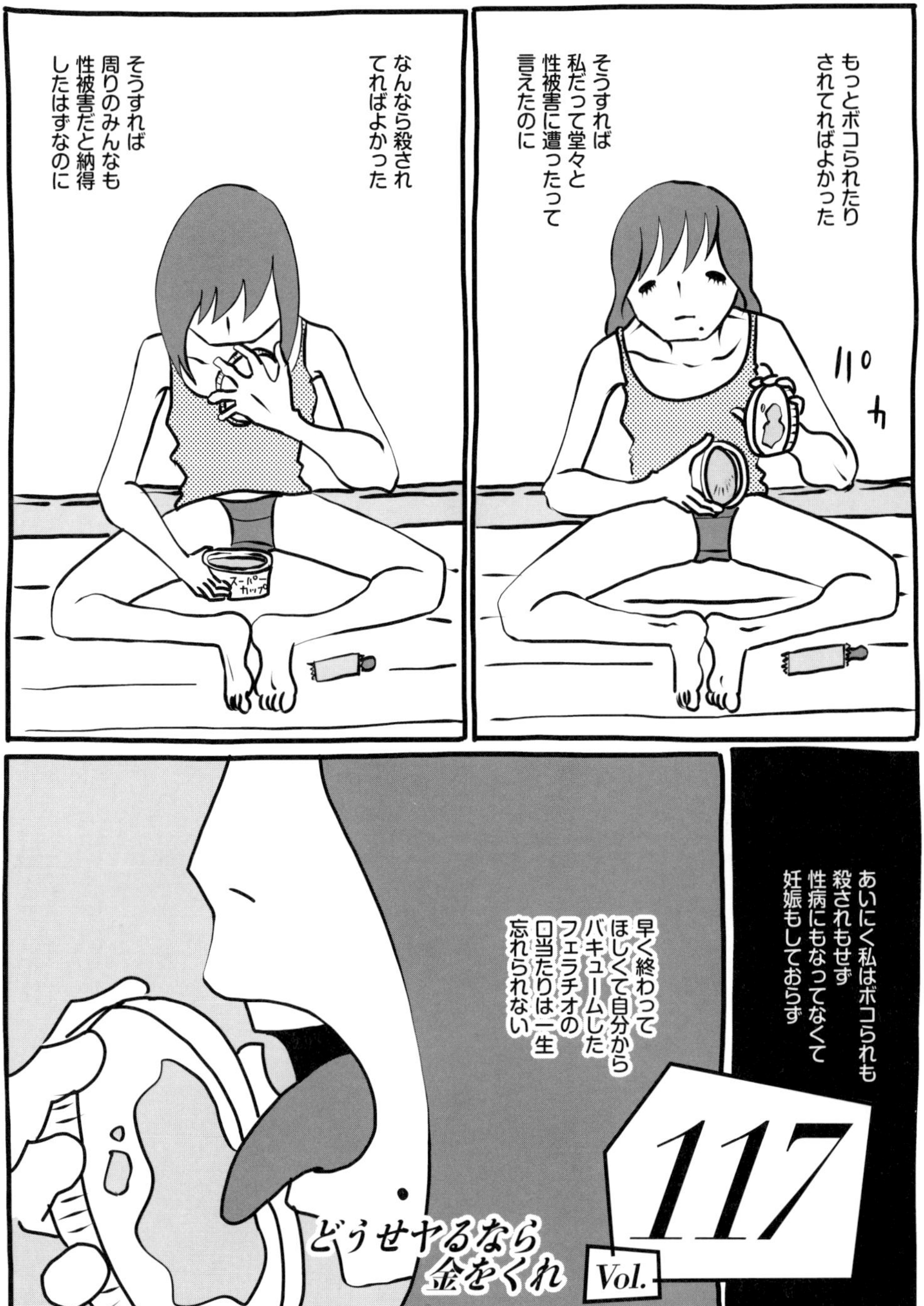

なんなら殺されてればよかった

そうすれば周りのみんなも性被害だと納得したはずなのに

スーパーカップ

あいにく私はボコられも殺されもせず性病にもなってなくて妊娠もしておらず

早く終わってほしくて自分からバキュームしたフェラチオの口当たりは一生忘れられない

どうせヤるなら金をくれ Vol.117

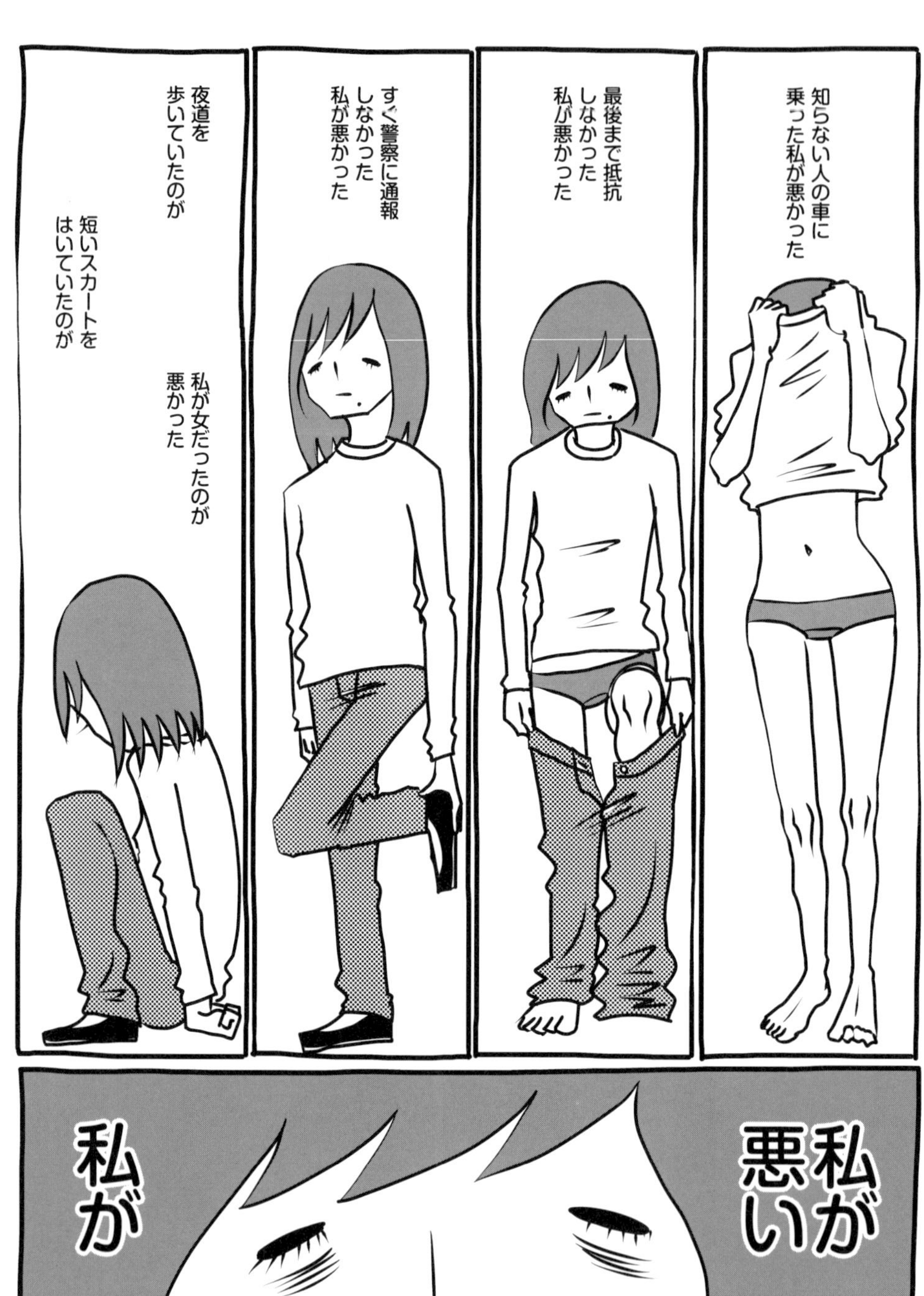

知らない人の車に
乗った私が悪かった
最後まで抵抗
しなかった
私が悪かった
すぐ警察に通報
しなかった
私が悪かった
夜道を
歩いていたのが
短いスカートを
はいていたのが
私が女だったのが
悪かった
私が
悪い
私が

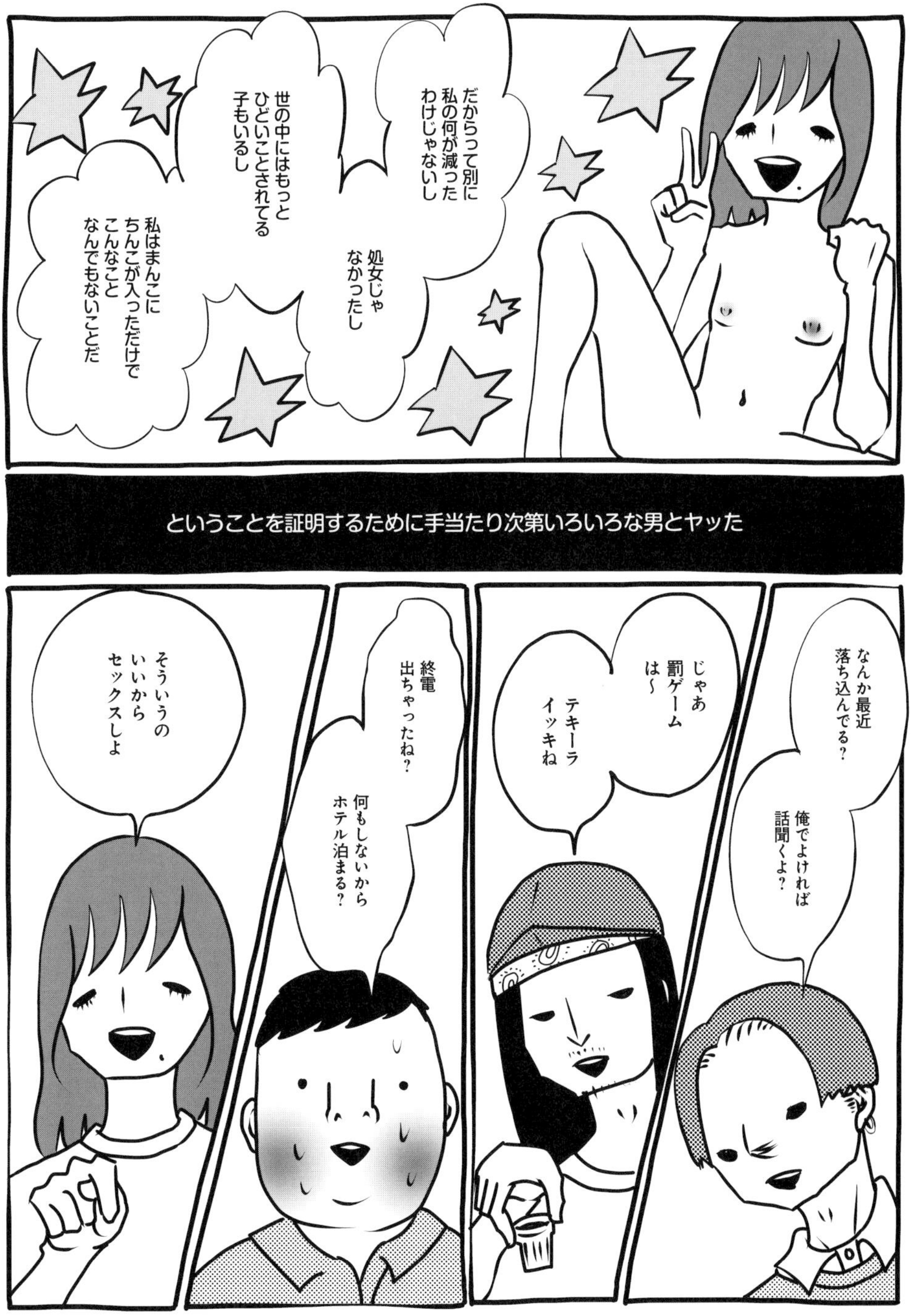

ということを証明するために手当たり次第いろいろな男とヤッた

なんか最近落ち込んでる？

俺でよければ話聞くよ？

じゃあ罰ゲームは〜

テキーライッキね

終電出ちゃったね？

何もしないからホテル泊まる？

そういうのいいからセックスしよ

全然好きでもなんでもない
なんなら絶対ヤリたくない男とヤるほど効果があった
もっと首しめて!!
もっと!!
どうせヤるならノーギャラよりもカネがもらえたほうがいいと思うのは当然の流れだ
芸能事務所のスカウトなんだけど……
エロ系ですよね？
やります
男は恥じらいのある女に興奮するんだよ
だから喘ぎ声は「イヤ♡」「やめて♡」系にしてね
わかりました！
イヤ――!!
やめて!!
ちょっとちょっと!!
レイプものじゃないんだからそこまで本気で嫌がらないでよ!!

あのー
普通のやつ
じゃなくて
レイプものが
いいんですけど
ん〜？
なんかその
リクエスト
する子結構
多いんだよね
なんで？
「なんで？」じゃねえよ
お前らのせいだよ
イヤーッ!!
やめて！
痛い!!
うんうん
迫真の
演技だね
やめ……
やめろっ
つってんだろ!!
誰か!!
助けて!!
ギャ――――!!
ブチッ
カットー!!

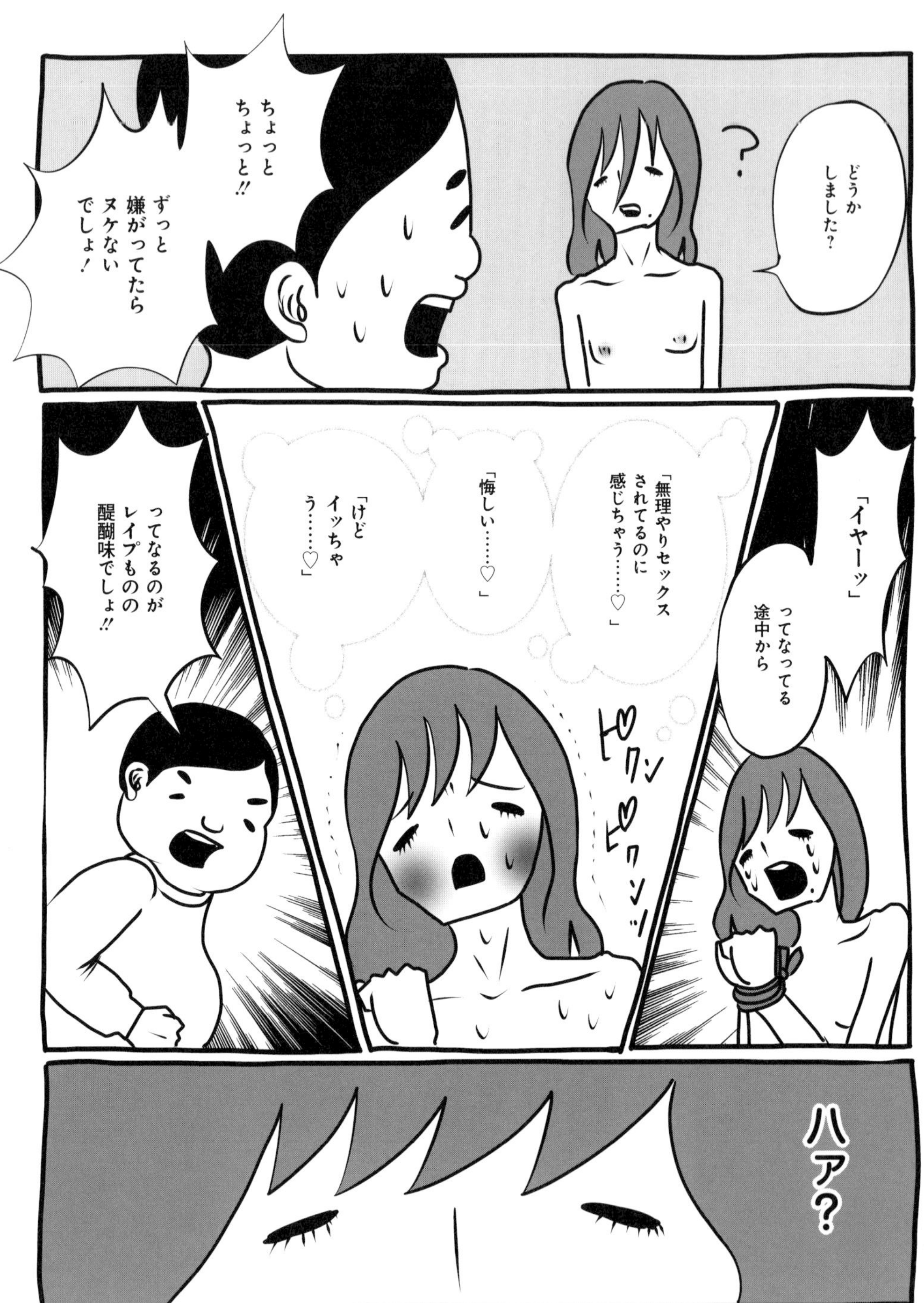
どうかしました?
ちょっとちょっと!!
ずっと嫌がってたらヌケないでしょ!
「イヤーッ」ってなってる途中から
「無理やりセックスされてるのに感じちゃう……♡」
「悔しい……♡」
「けどイッちゃう……♡」
ってなるのがレイプものの醍醐味でしょ!!
ピクン♡ピクンッ
ハア?

ハードレイプって
マジで殴られたり
するヤツだけど
大丈夫？
全然
オッケー
です
え？
もっと
ハードな
レイプものが
いい？
はい
ドズッ
オエッ
ビシャッ
イヤーッ!!
痛い!!
やめて!!
ギャアッ!!
Vol.
118
よくある話

痣すごいけど大丈夫？
大丈夫ですよ
こんなのそのうち消えるしなんでもないです
やっぱりこんなことなんでもない
AVならいくら酷いことをされようが
殺されたりはしないし私は安全だ
性被害経験のある女がAV女優になるなんてよくある話
どこででも聞く話だ
聞き飽きた

カチ
じゃあ お話聞かせて もらいまーす
SONY
00:02
えーと 黒ギャル ちゃん……
あっ 黒ギャル たんに 改名した んだよね
早速だけど 黒ギャル たんの 性感帯って どこ？
やっぱ クリ やわ!!
クリ!!
クリに限界まで 電マ当てて 潮吹く瞬間が めっちゃ気持ち ええねん!!
ほー
なるほど 電マで 潮吹き ……と
それじゃあ 初体験の 思い出は？
それがめっちゃ ウケんねんけど ウチ初体験 おとんと やったんや～
アハハ

えー！
義理の父とかじゃなくて!?
本当のお父さん？
せやで
何歳のとき？
小3
……それって感じちゃった？
ハァ
ハァ
ハァ
ハァ
いやいやめっちゃ痛くてそれどころじゃないねん
まあでもAV出演はカネ目的じゃないって自分への理由づくりにそういうかわいそうエピソード捏造する子いるって言いますよね～
あ～います ね～
まあこっちとしてはありがたいですけど
ヒソ…
……
温野
カラオケ
牛角
言いたくないことあったら別に言わなくてもいいんだよ

え？
何がですか？
イヤ
気にしてないならいいんだけど
あー……
アレは別に……
なんつーか
ああやって笑って人に話せるようになりよるぶん
前よりは全然マシやねん
そう
ならよかった
だからって言ってすべてがなかったことになんてなるわけはないのだ

でも私たちはもっとこんがらがった生臭い道を生きていくしかない

うなぎの挿れ賃

Vol. 119

バダーン!!
バンッ!
仕事ない
ナリか!?
まんこに
うなぎ
挿れる仕事
しかないよ
それやる
ナリ!
え!?
いやいくら
白ギャルちゃんが
企画だっつっても
こういう仕事を
するのはこの間
うんこ食ってた
ようなレベルの
子だからさー
今すぐカネが
欲しいん
ナリ!!
うなぎでも
なんでも
挿れる
ナリよ!
ギャラ
前借りして
きたナリ!
これちょっと
だけど家賃の
足しにして
ほしいナリ!
百万円

そんなの気にしなくていいのに～
部屋も余ってるし好きなだけいてくれていいんだよ？
あっ
今日の夕ごはん白ギャルちゃんの好きなクリームシチュー作ったよ
さすがにご飯まで出してもらって無銭居候するわけにはいかないナリ！
家賃を払うのにも逼迫していた白ギャルちゃんは
一回爆乳ちゃんちに泊まってから前まで住んでた家を解約して爆乳ちゃんの家にズルズルと居続けていた!!
え!? うなぎ挿れるの!?
うなぎ挿れるのはいいんナリけど向こうはアナルにも挿れたいらしいんナリよ
熟女さんアナルセックストラウマになったって言ってたし
さすがにAVでいきなりアナルはやめたほうがいいんじゃ……
でもこれからNGナシ女優としてやってくためにはアナル解禁は避けては通れないナリ！
幸い現場の日まで1か月あるから自分で拡張してから挑むナリ！

よし！
まずは指一本から挿れてみてー……
ちょっと待って待って！
せめて直腸洗浄してからにしようよ！
直腸洗浄？
まずイチジク浣腸使ってその後はシャワ浣って言うんだけど
シャワーヘッド外してぬるめのお湯入れて出して……
……なんでそんな詳しいんナリか？
？
えっと……
前の彼氏がアナル好きで……
私も最初は苦労したけど
慣れた後は普通にアナルセックスしてたから……
ぽ……
意外とアナル経験者

じゃあ筋肉がほぐれるように湯船で体温めて
チャポ
ゲイ御用達のアナル用ローション使って
ニュル
まずは小指から……
ス…
痛くない？
ヌポ
全然痛くないナリ～☆
じゃあ次は人差し指入れてみよっか
1か月後
指3本がすんなり入るようになったからこの男優サイズディルドをゆっくり挿れて……
ヌヌヌヌヌ…
全然痛くないナリ！

ヤッター！
これでちんこでもうなぎでも何でも来いナリよ！
爆乳ちゃんのおかげナリ！
白ギャルちゃんが頑張ったからだよ
持つべきものはいい友達ナリね！
ぎゅ
ありがとう
じゃあ行ってきまーす！
行ってらっしゃーい
……友達かぁ

うなぎ

Vol. 120

復活の狼煙

①friend友好反応
友好的に振る舞うことで攻撃を回避しようとする
やっぱうなぎじゃなくて他の企画にしないナリか？
何言ってんの？
せっかく買ってきたんだからやめるわけないでしょ
②fight闘争反応
闘おうとする
だってこんなデカくてグロいと思ってなかったナリよ!!
はぁ？
うなぎOKしたの自分でしょ？
③flight逃走反応
逃げようとする
ガラッ
ここ8階だよ？
④freeze凍結反応
闘うことも逃げることもできずに固まる
バシャ
バシャ
⑤flop迎合反応
最後の生存戦略として従順になる
くそ……
こうなったらもうやるしかないナリ……

カメラ回しまーす
あーん♡
うなぎさん早く欲しいナリィ♡
おっ
いいテンションだね！
じゃあ早速うなぎを挿入するぜ！
ぬるんっ
冷た……
でも爆乳ちゃんが拡張してくれたおかげでアナルも痛くないナリ♡
あんあん♡うなぎさん気持ちいいナリィッ♡
どんどん奥に入ってくるナリ♡
おおっ
いい絵面！
ビチビチィ
あれ……？
うなぎ死んだ？
早くない？
しん…

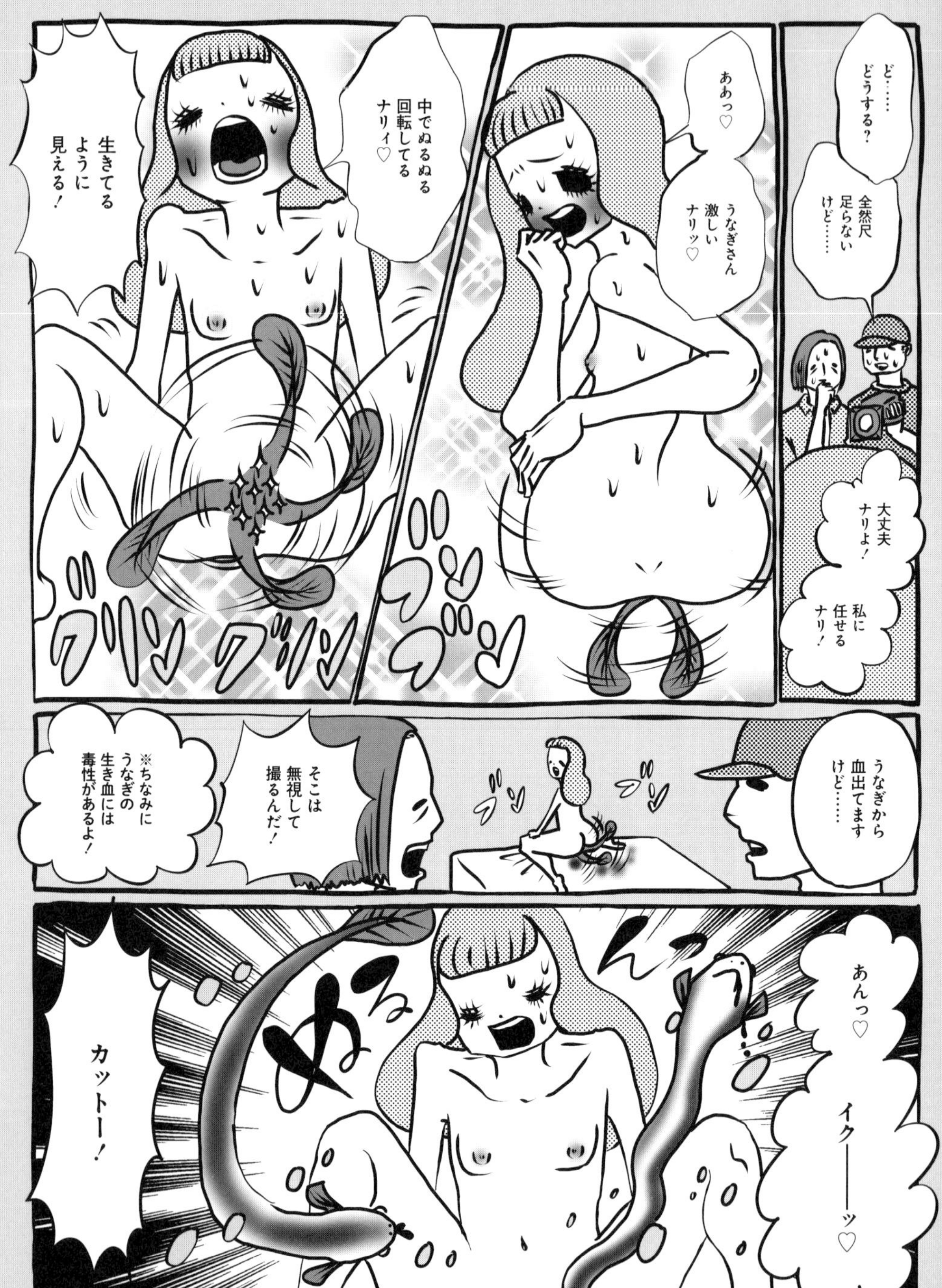
ど……
どうする？
全然尺
足らない
けど……
大丈夫
ナリよ！
私に
任せる
ナリ！
ああっ♡
うなぎさん
激しい
ナリッ♡
ブンブン
中でぬるぬる
回転してる
ナリィ♡
生きてる
ように
見える！
グリングリン
うなぎから
血出てます
けど……
そこは
無視して
撮るんだ！
※ちなみに
うなぎの
生き血には
毒性があるよ！
あんっ♡
イクー――ッ♡
ぬる
カットー！

今までこういったマニアックなAVは顔があんまりかわいくない子しか出演しないものだったので
一応元単体の白ギャルちゃんが出演したことはマニアックAV界隈で話題になった
肛門フィストファック
初めての脱糞
うなぎ二穴挿入
下のお口からもうなぎ食べちゃう♡欲ばりスケベギャル
おおっ！
顔がかわいい！
こんな顔がかわいい子がうなぎを挿入しているぞ！
しかもアナルにもだ！
AD君！
うなぎAVかなり売り上げ良かったよ！
あざす！
早速2本目も撮ろう！

豚鼻鼻フックで
鼻毛を抜かれる
もう許して……
痛ッ!!
あ〜あ
コレ鼻クソついちゃってるねえ?
は……
恥ずかしいナリィ……♡
ニヤニヤ
こんな顔がかわいい子が鼻フックでブサイク顔晒してる!!
しかも鼻毛を抜かれてるぞ!?
うおお!!勃起する〜!
鼻毛AVもよく売れてるよ〜!
この調子でどんどん撮っていこう!
がんばります!!

Vol. 121
通勤快速の壁
白ギャルちゃんはマニアックAV界のクイーンとなった!!
溺死
水中セックス
バカギャル
お仕置き
首絞め中毒
酸欠イキ
顔射50発したまま
渋谷センター街を歩く
10時間連
耐久セックス
世界記録達成！
便器を舐める
リアル肉便器
犬
肉便器
ヤリマン
中出しOK
ガバガバアナル
ちんぽ大好き
サセ子

白ギャルちゃんじゃないとこんなの撮れないよ～
うちのメーカー白ギャルちゃんのおかげで回ってるもんなあ
へへっ☆
言い過ぎナリよ～☆
じゃあ次はいよいよ痴漢ものに挑戦してみようか
痴漢もの？
意外と普通ナリね？
俺が普通の撮るわけねえじゃん
普通の痴漢もの
今日は電車痴漢ものの撮影だ！
はーい！
電車セットを借りて……
山足線
エキストラを用意して……

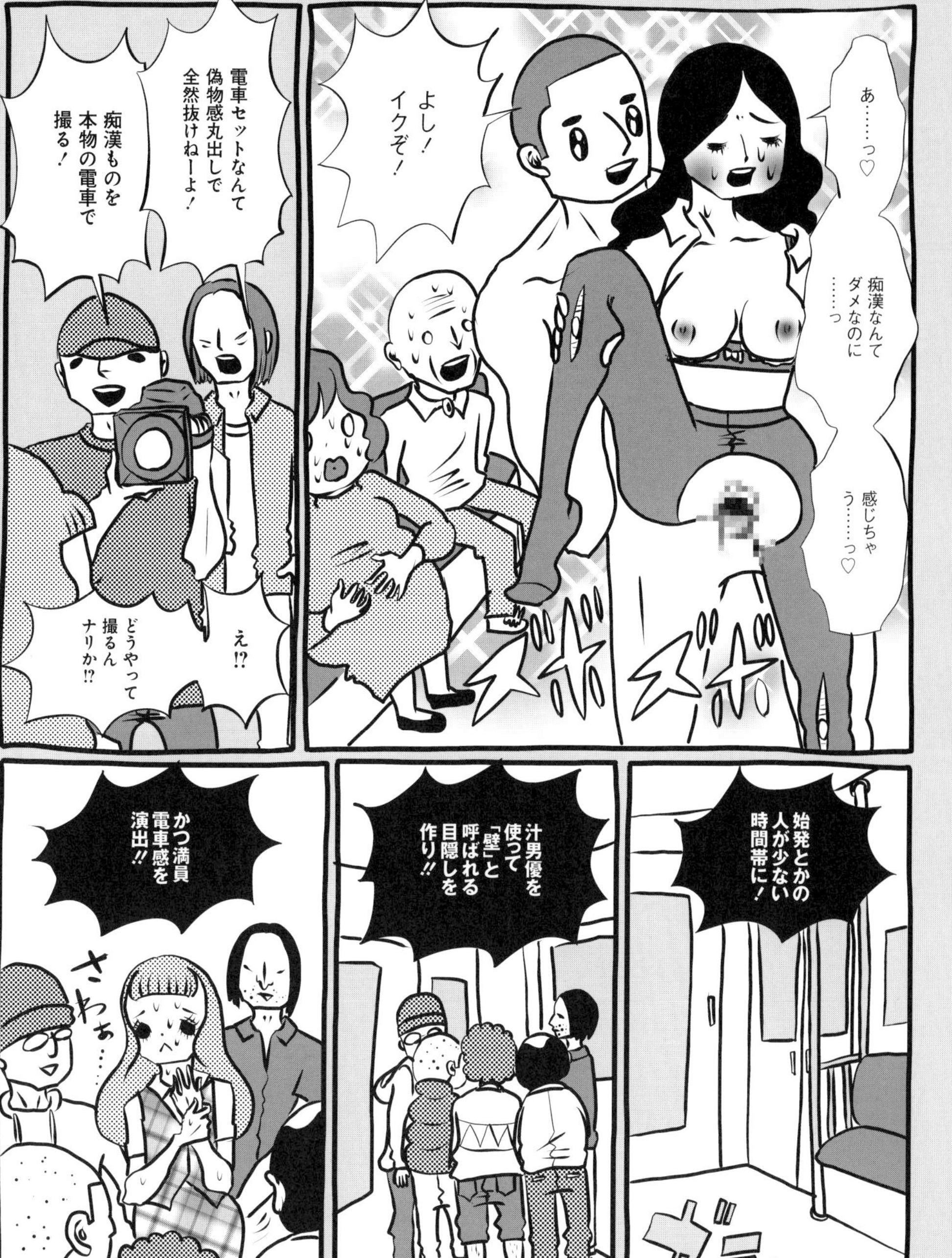

電車セットなんて
偽物感丸出しで
全然抜けねーよ！
痴漢ものを
本物の電車で
撮る！
え!?
どうやって
撮るん
ナリか!?

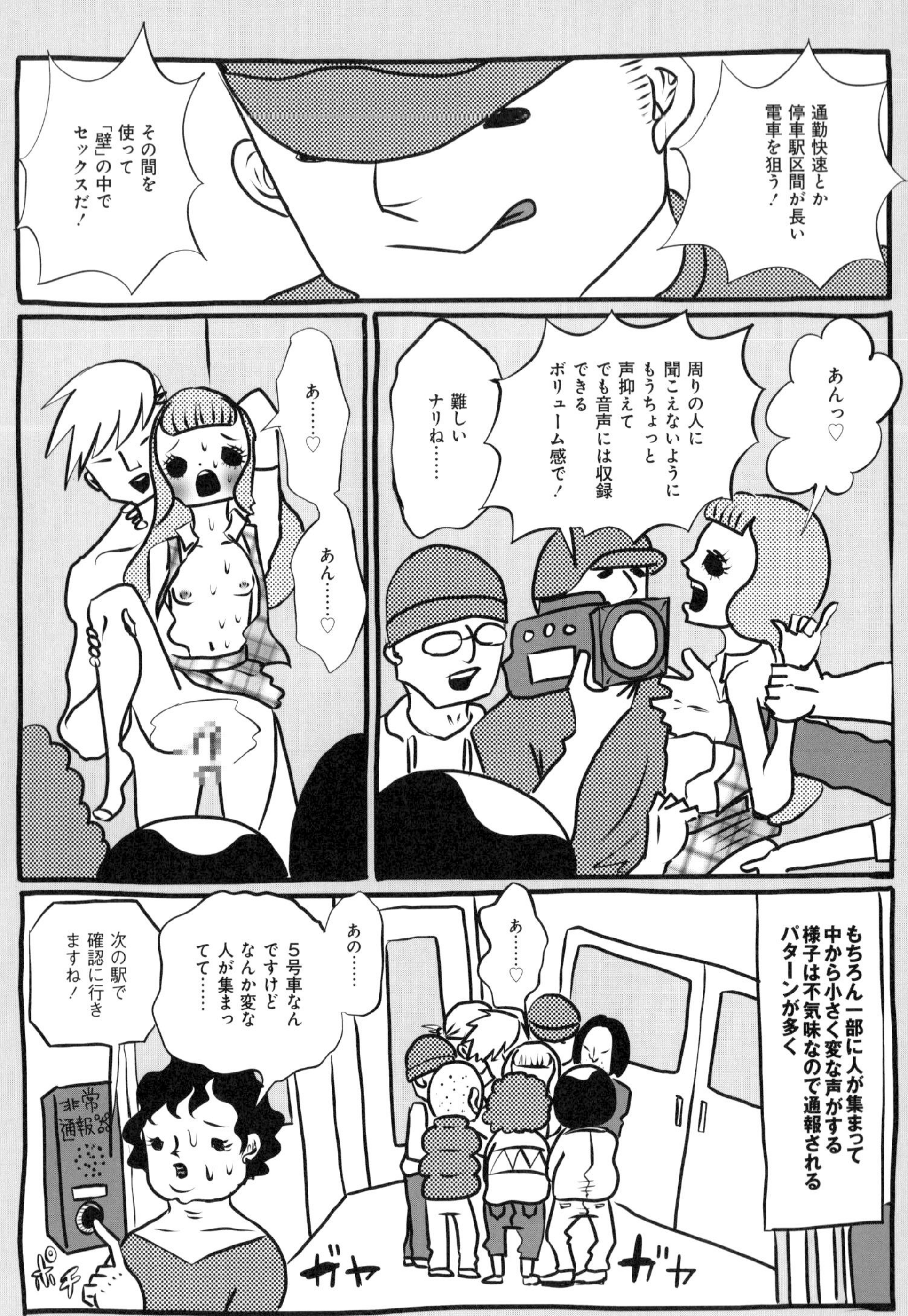

通勤快速とか
停車駅区間が長い
電車を狙う！
その間を
使って
「壁」の中で
セックスだ！
あんっ♡
周りの人に
聞こえないように
もうちょっと
声抑えて
でも音声には収録
できる
ボリューム感で！
難しい
ナリね……
あ……♡
あん……♡
もちろん一部に人が集まって
中から小さく変な声がする
様子は不気味なので通報される
パターンが多く
あ……♡
あの……
5号車なん
ですけど
なんか変な
人が集まっ
てて……
次の駅で
確認に行き
ますね！
非常通報器
ポチ
ガヤ
ガヤ

イクよ……
精子欲しいナリ……
ピュ
ピュ
よっしゃー!!
発射までリアル電車内で撮れた!
プシュー
右の扉が開きます
駅に着いたぞ!!
ダダッ
できるだけバラけて解散だ!!
あっ!
音声さんが駅員に捕まった!
ガッシ
逃げろ逃げろ!!
ネット上で集まった人たちで本名とかは全然知らないですねぇ
捕まった人のためにに用意されてる言い訳

生贄になってくれた音声さんに乾杯――……!!
また前科増えちゃう……
よし！これでもう一人暮らしできるだけのお金は十分貯まったナリよ！
あ……そっか……
でも爆乳ちゃんと一緒に暮らすの楽しいピこれからもシェアハウスしてもいいナリか……？
うんっ!!嬉しい！
今まで爆乳ちゃんのベッド使わせてもらってたナリけど
私用のベッド買ったほうがいいナリかね～？
ダブルベッドだし二人で寝たほうがあったかいしわざわざ買わなくてもいいんじゃないカナ!?
そうナリね～
じゃあ今日LUSHのバスボム買ってきたから一緒にお風呂入るナリ～☆
入る入るッ♡
キャ
キャ

お茶漬の味
Vol.122
白ギャルちゃんマジでNGないから撮りやすいですねえ
しかもノリノリでやってくれるから売り上げもマニアックAVの中では驚異的だよ
えーと今日は黒ギャルたんの監督面接か
バサ
黒ギャルたん
B88
W59
H86
T158
よろしくお願いしますー
お疲れ様です

うーん……
アナルNG
飲尿NG
野外撮影
NGか〜……
じゃあ豆腐と
ヨーグルトと
トマト食べて
ピンクのゲロ
吐いて
もめん
マキバ
キバ
豆腐と
ヨーグルトと
着色料食べて
水色のゲロ
吐いて
青色1号
それを浣腸して
紫のゲロ浣腸
噴射どう？
は？
そんな
キショいの
やるわけ
ないやん
うちのメーカーで
これ以上ソフトな
企画ないよ
もっと普通の
AVあるやろ
前によく
撮っとった
ような
ハア……
AV女優は一度
引退すると
復帰作だけ
そこそこ売り上げ
出るけど
そのあとは
鳴かず飛ばず
なのが定石
なんだよ
そうな
ん……？
だからちょっと
NG解禁して
ハードなこと
やらないと
仕事ないよ？

飲尿とかどう？
やってみると結構ソフトなプレイだよ
男優さんにはいっぱい水飲んでもらって薄いのを出してもらうようにするからさ～
う……そんなら……
い……飲尿を解禁するわ
尿飲むだけならがんばれば何とかできるやろ!!
じゃあカメラ回しまーす
ジョ
う……
臭いが口の中から鼻に抜ける……
ゲホゲホ!!
ゲッホ!
あっ!
俺いいこと思いついちゃった!
う～ん……
いまいち盛り上がりに欠けるな～

はい
じゃあ次は
これ飲んでね～
ジ
ホカ
ホカ
尿
茶漬～☆
ジョロロロロロロロ
こ……
これは
ちゃう
やろ!!
なんで？
飲尿
じゃん？
ついでに
米があるだけで
ウチの
ばあちゃん
米農家や
ねんで!?
絶対
イヤや!!

うるせーんだよ 底辺企画のくせに!!
お前手おさえろ!!
ハイッ!!
イヤや!
イヤ…… もがが!!
もげっ!!
おえっ!!
もうあのメーカーのAV出とうない
うーん……
かといって普通のメーカーで今更撮ってもらうのはまず無理だし……
でもやっぱこれ以上ハードなこともさせたくないし……
それでデリヘルで働くのはどうかなと思って
デリヘルぅ!?

キャバ嬢、風俗嬢、AV女優は複雑な関係性になっている!

体を売るなんて信じられない! あっ でもパパとの愛人契約は別だよ?

キャバ嬢

見下し

見下し

風俗なんてAV出られないレベルの女がやる仕事やん?

親バレする可能性もあるのによくAVなんて出るよね〜

風俗嬢

見下し

見下し

AV女優

Vol. 123 ヘルシーデリバリー

ウチなあ
ウチの子が男の子やってわかったとき

この子は痴漢もセクハラもストーキングもレイプもAVスカウトも親に性的虐待される可能性も

女と比べてめっちゃ低いねんなあって思ってうれしかってん

高級店でもせいぜい4万円が相場のところ黒ギャルたんは60分20万円という料金設定となった!!
まとめサイトでもめっちゃ話題になってますね
プルルルル…
プルルルル…
すみません黒ギャルたんはもう予約いっぱいで……
予約枠完売でー……
うんうん♡
もっと料金高くしてもよかったかもね♡
じゃあもう最初の予約の時間だよ
運転手くんが送ってくれるから
ちす
知らん男と知らん場所で二人きりとか援交ぶりやんな……
講習通りにやればいいからあんま緊張しなくて大丈夫ですよ
あ
ちなみに今回即尺のオプションついてますんで
COCOLULU

即尺って
シャワー
浴びへんで
フェラする
やつやろ？
それって
汚くない
のん？
お客さんには
事前にシャワー
浴びて待ってて
もらってることに
なってるから
大丈夫ですよ
あの……
黒ギャルたんさん
芸名のままで
デリ出勤とか
すごいですよね
へ？
COCOLULU
私もAV
女優で……
あっ
っていっても
黒ギャルたんさん
より全然知名度
とかないんですけど
AVの芸名と源氏名
変えて普通の
デリヘル嬢として
働いてるんです
そんなこと
しよったら
ファンの人が
来てくれ
へんやん
それ
ですよ!!
ファンの人に
来てほしく
ないんです!!
なんで
なん？
あ
着き
ました
じゃあここの
ラブホの
204号室
ですんで
終わったら
電話して
ください
はーい
COCOLULU

ガチャ
すみませーん
虎の完から きました 黒ギャル たんです
20万円払ってまで AV女優とのプレイを 求めるような ディープなファン層は
AV女優のサイン会に 来るファン層と 完全に一致していた!!
フー…
「ファンの人に 来てほしくない」 ってこういうこと かい〜〜!!
フケ!!
パッ
サッ
脂!!
テカッ
テカー
爪になんか 詰まってる!!
壊れた メガネを セロテープで 修理!!
テープ

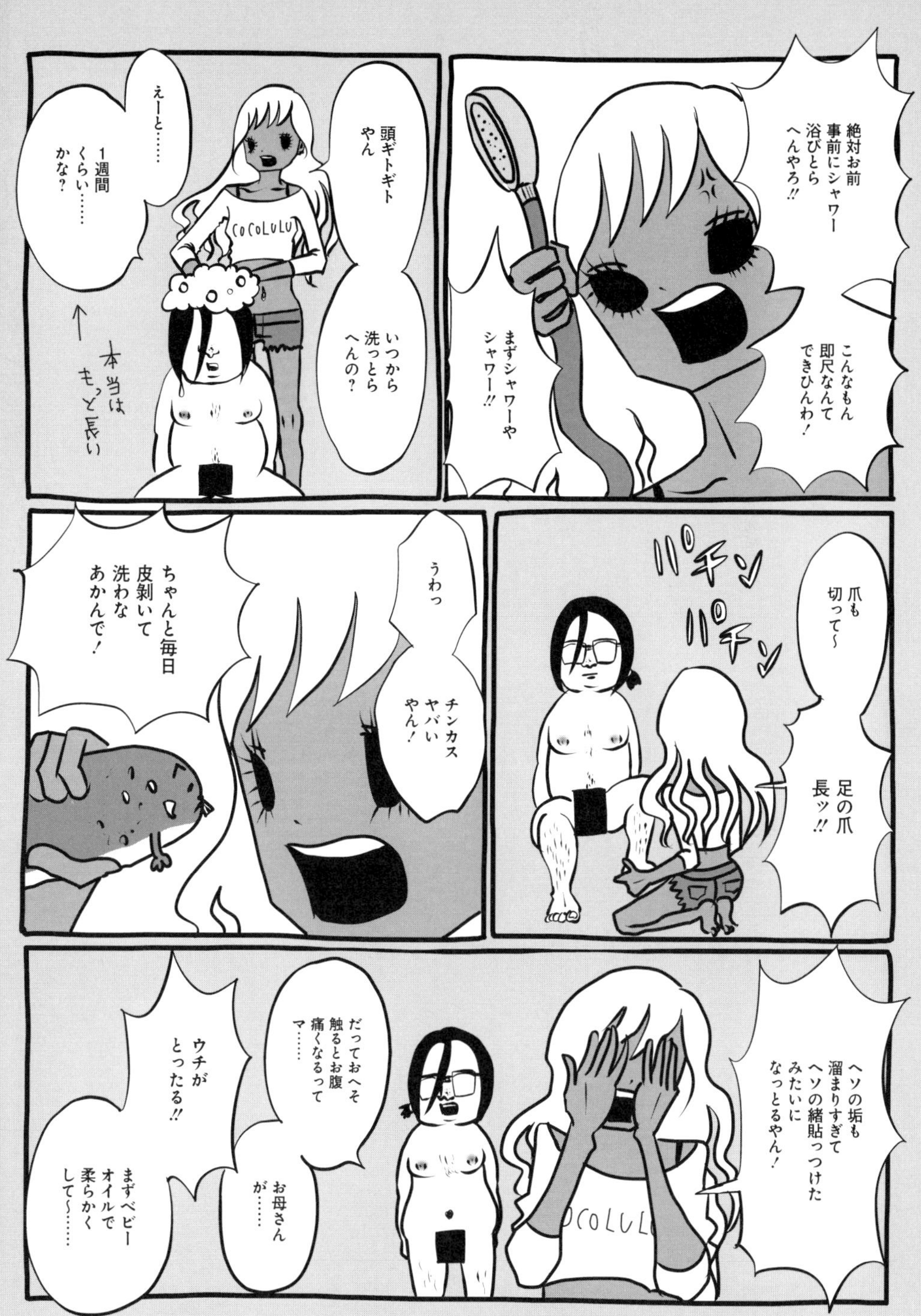
絶対お前事前にシャワー浴びとらへんやろ!!
こんなもん即尺なんてできひんわ!
まずシャワーやシャワー!!
頭ギトギトやん
いつから洗っとらへんの?
えーと……1週間くらい……かな?
本当はもっと長い
パチン
パチン
爪も切って~
足の爪長ッ!!
うわっ
チンカスヤバいやん!
ちゃんと毎日皮剥いて洗わなあかんで!
ヘソの垢も溜まりすぎてヘソの緒貼っつけたみたいになっとるやん!
だっておへそ触るとお腹痛くなるってマ……
お母さんが……
ウチがとったる!!
まずベビーオイルで柔らかくして~……

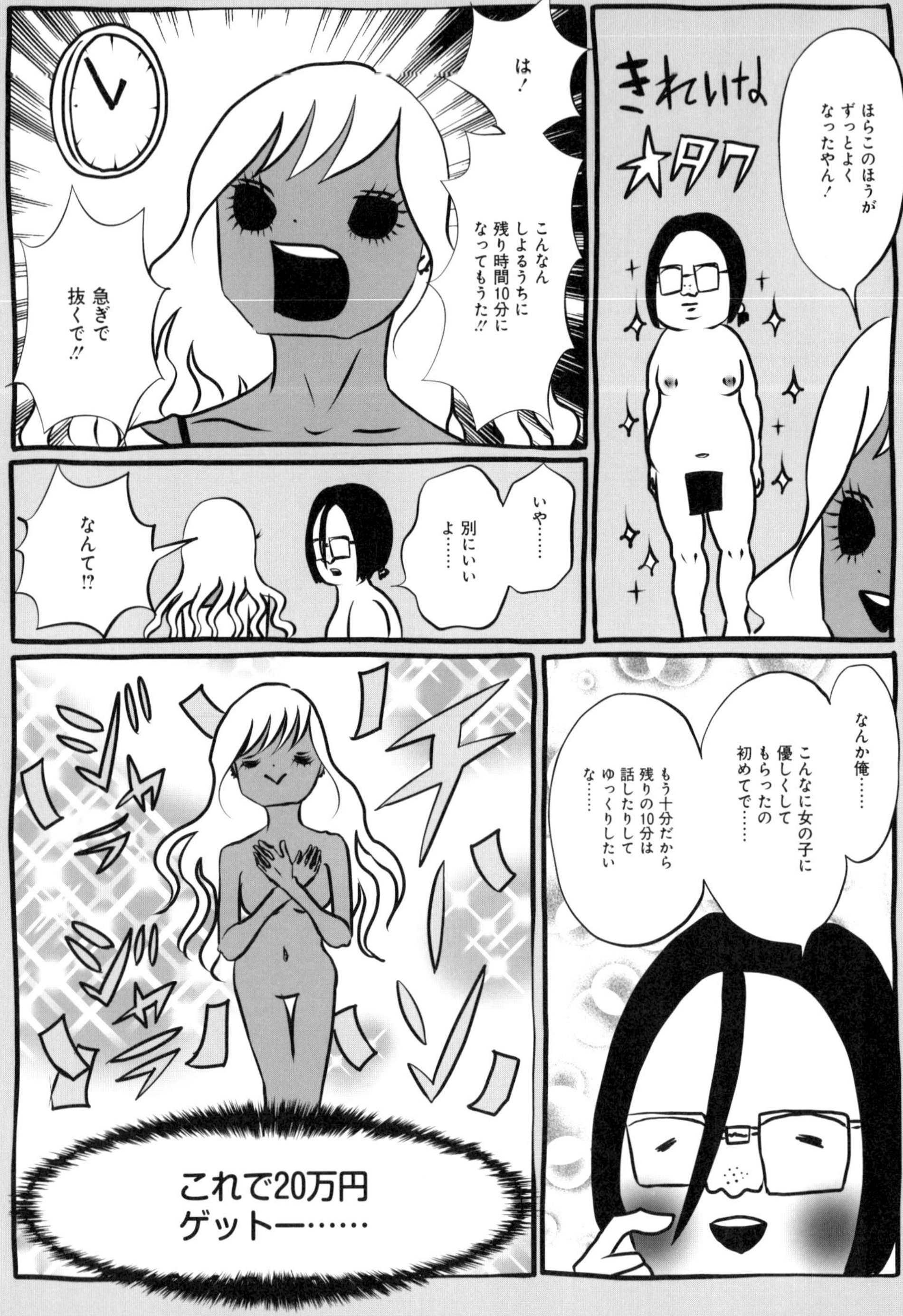

きれいな☆タク

ほらこのほうがずっとよくなったやん！

は！

こんなんしよるうちに残り時間10分になってもうた!!

急ぎで抜くで!!

いや……別にいいよ……

なんて!?

運転手くん終わったで〜
じゃあまたすぐ次の予約行きますね
今回はここのアパートの102号室です
こんにちはー
虎の完から来た黒ギャルたんです
あ……
こんちは……
前のよりは全然清潔感あるやん
Vol. 124
恋も二度目なら
ほんならいっしょにシャワー浴びよか?
あ……
風呂こっちです
ぬぎっ

風呂場汚ねェーーッ!!
事故物件みたいやん!!
こんなとこで体洗っても余計汚くなるだけやで!
おぞっ
カビキラーとかゴム手あらへんの?
えーと
たぶん台所に漂白剤なら……
目地に沿って擦るんやで!!
ゴシゴシ!
は!
こんなんしよるうちに残り時間10分になってもうた!
急ぎで抜くで!
は……
はい……

じゃあもう ちょっと こっちに……
？
えーとお尻を こっちに 向ける感じ で……
？？？
ん？
なんかこの ボールペン 変な光り方 しとるやんな
運転手 くーん？
客が盗撮 しよったん やけど
どうし ます？
警察行き ます？
それとも 今からＡＴＭ 行って示談金 百万円払い ます？
ひゃ……
百万円 なんて そんな……

どっちにするかって聞いてんだよ!!
百万円払います!!

店とのワリカンで50万円ゲット——……

ウチAVよりデリヘルのほうが向いとるわ!

でも運転手くんめっちゃ墨入っとんねんな!
若気の至りってやつですよ

さっきのかっこよかったでぇ！

フワ……

あ……

イケメ——ン!!

なあ
今日の仕事
終わったら
二人で会う
時間……
もじぃ…ッ
あら
へん？
いやボーイと
キャストは
そういう関係に
なったら
マズいんで
そ……
そか……
せや
な……
変なこと
言ってもうて
ごめんやで
だからみんなには
バレないように
気をつけよ？
ヒソ…
ドキ
え……
それっ
て……
次の予約まで
30分あるし
飛ばせば10分で
着くってことは
残り20分ある
ってことで――……
じゃあバック
シート
行こっか？
うん!!
あんっ♡
気持ち
ええっ♡
ガタ
ガタ
ガタ

くっそ!!

ほかの事務所も続々知名度のあるAV女優をデリに在籍させはじめた!!

この子とか黒ギャルたんより人気あるのに黒ギャルたんより値段が安い……

60分20万円

60分18万円

60分15万円

次の予約までここで待機しててー
今までずっと予約から予約へ車で移動しよったから
待機室で時間潰すなんて初めてやなあ
黒ギャルたん！
話してみたかったんだよ〜！
すごい値段のキャストが入ったって前評判すごくてさあ
そういえば美麗っていう子わかる？
客と裏引きしてたのバレて先週クビになったんだって〜
香って子いるじゃん？
あの香水つけすぎの
あれワキガ隠してんだよ
それで源氏名「香」ってさー
ギャハハハ!!
人気のない子ほど待機室にいる時間が長いので店の中のゲスい噂に詳しくなるよ！
でも杏さんはすごいよね
別格って感じ
杏さん？
ずーっとランキング1位の子
先月のNo 1 杏さん

あの子 開店から 閉店まで週7 出勤してるじゃん？
生理休暇も 取らずに さあ
そりゃあ 1位に なるよ
へー どんな人 なん？
いやそれが いつも予約 いっぱいだから
待機室いること なんてなくて 謎に包まれて るんだよね〜
私も挨拶 くらいしか したことない
そんだけ 稼いで何に カネつこう とるんやろ？
ガチャ
えっ？
杏さん!?
口開けの客が ドタキャン〜？
フリーの客も つけられない のぉ？
は〜 時間の 無駄
口開け＝ その日 最初の 客のこと だよ！

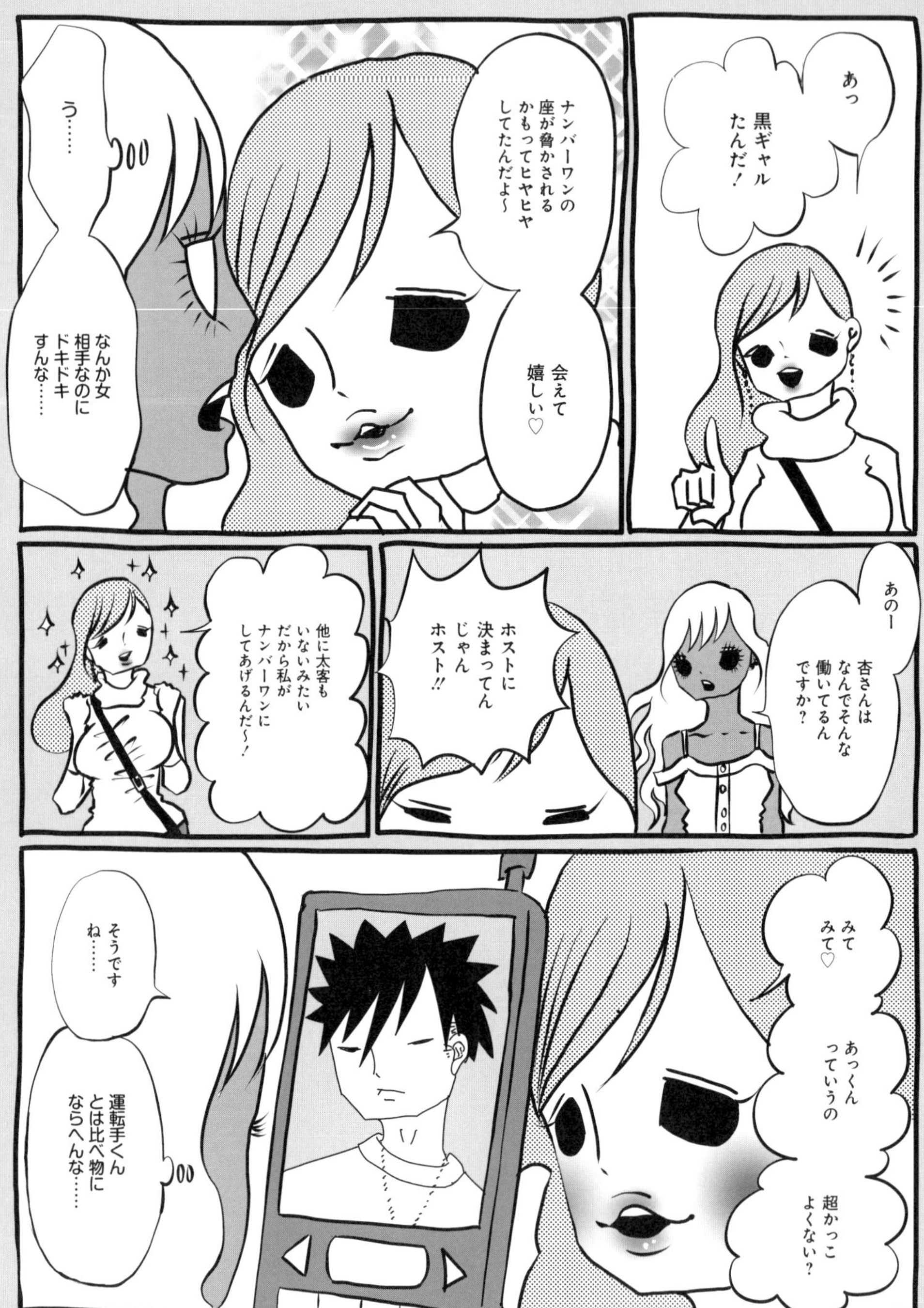
あっ
黒ギャルたんだ！
ナンバーワンの座が脅かされるかもってヒヤヒヤしてたんだよ～
会えて嬉しい♡
う……
なんか女相手なのにドキドキすんな……
あのー
杏さんはなんでそんな働いてるんですか？
ホストに決まってんじゃんホスト!!
他に太客もいないみたいだから私がナンバーワンにしてあげるんだ～！
みてみて♡
あっくんっていうの
超かっこよくない？
そうですね……
運転手くんとは比べ物にならへんな……

あとさあ仕事
してるか寝てるか
以外の時間があると

私何してるんだろう
って思っちゃうから
ずっと仕事
してんだよね

で

そんだけ稼いでも
使い道もないから
ホスト行ってっての
繰り返しして
私マグロみたいなの

冷凍されて
ないほうの

泳いでないと
死んじゃう

ふわぁん
バタバタ
いい匂い
あの人がナンバーワンなの納得やなあ
ハァ
シン…
あっ！
じゃあさー
ボーイのイケメンランキングつけない？
やっぱ1位は副店長くんでしょー！
じゃあチーフ君は？
ん〜顔はまあまあだけど身長がな〜
ワイ
ワイ
運転手くんは？
あー
アレは髪で顔隠してるし隠キャだし絶対ブスだよ
だよねー
キャピ
キャピ
じゃあさー
キャイ
キャイ
ニヤ…
みんな運転手くんの顔のこと気づいとらへんのやな♡

Vol.126 裏切りのコンドーム

運転手くんってなんで顔隠しとるん？
俺童顔だから顔出すとナメられんだよねー
でも顔出したほうがモテるやん？
ゴクゴク
モテは中高で散々味わったからもう興味ない
どん兵衛
最初はめっちゃビビりよったのにパパのオムツもちゃんと替えられるようになったなあ！
まあな
坊のためにもういらんブランドもの買うのやめる！
ちゃんと貯金せなな！
うん！応援してるから！
この人がパパやで！
言ってみい！
パーパ！
ピニャア〜
つーかまだ喋れない月齢だよね？

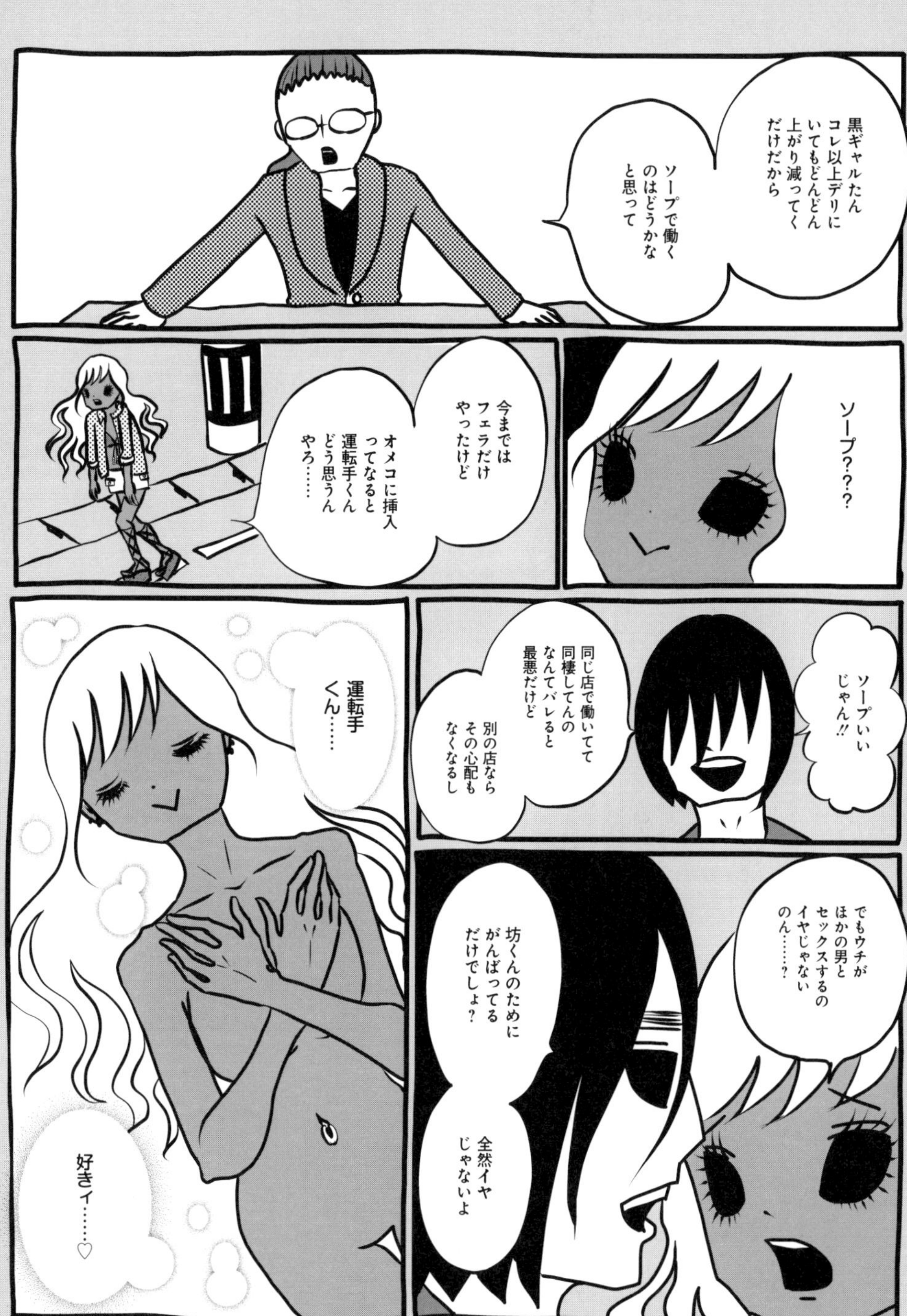
黒ギャルたん
コレ以上デリに
いてもどんどん
上がり減ってく
だけだから
ソープで働く
のはどうかな
と思って
ソープ？？？
今までは
フェラだけ
やったけど
オメコに挿入
ってなると
運転手くん
どう思うん
やろ……
ソープいい
じゃん!!
同じ店で働いてて
同棲してんの
なんてバレると
最悪だけど
別の店なら
その心配も
なくなるし
運転手
くん……
好きィ……♡
でもウチが
ほかの男と
セックスするの
イヤじゃない
のん……？
坊くんのために
がんばってる
だけでしょ？
全然イヤ
じゃないよ

ウチの店はほかの大衆店と違って高級店だからSSでNNだからね

SS＝即即の略 シャワーを浴びずに即フェラチオ即セックスをすること

NN＝生中出しの略

なんか最近
AV女優デリヘル
ってのが儲かる
んでしょ!?
私もやり
たーい♡
情報遅すぎ
でしょ！
あれは流行り
終わってて
もう大して
儲かんないよ
バケモノ
乳輪
ていうかそもそも
峰さんが学校
忙しいからAV
月一本でやりたい
っつって
たんじゃん？
そういえば
そうだったね！
ちなみに
今日の撮影は
どんなの？
フフフ……
今回はひとつ
面白い試みを
してみることに
したんだ

それはカンパニー松尾監督に撮ってもらうことだ!!
ジャーン
誰？？？
？
なんで知らねーんだよ!!
カンパニーさんつったらAV業界にハメ撮りを定着させた第一人者だろ!!
ハメ撮り御三家の一人とも呼ばれている！
テレクラキャノンボールを撮ってる人だぞ！
テレクラ……？
ギイ……
あっ！
カンパニーさんが来た!!

Vol.127
伝説のキャノンボール
おはようございまーす
カンパニーさんおはようございます！
今日もカレー食べてから来たんすか!?
今日は来てもらって本当助かったよ～
いやー
俺単体女優とか普通は撮らないんだけど
一応宣材見てみたらおっぱいすげえじゃん？
これは来ちゃうよね～
あ……
峰なゆかです
なゆかちゃんね
よろしくー～

セットこちらです!
部屋狭いからマネさんカメラ見切れないように気をつけて〜
ローションとゴムすぐ出せる位置でAD君待機して〜
いや
全員出てって
え?
他のスタッフがいると集中して撮れないから
なゆかちゃんと俺と二人っきりにして
え……
それはちょっと……
いいからカンパニーさんの言う通りにするんだ!
ケダモノ
性欲120%
さてと
ギシッ

ちなみに
なゆかちゃん
お昼ごはん
何食べたの？
えーと
ピザーラの
プルコギ
ピザを……
イラッ
先に
言えや
なゆかちゃんは
なんでAV女優に
なろうと
思ったの？
あれ？
もしかして
これもう
カメラ
回ってます？
そうだ
けど？
セックスが
大好き
だから
ですッ♡
100点
満点解答
いや
そういうのは
いいから
本当のとこは？
えー♡
本当に
おちんぽ
大好きなん
ですぅ♡
……
じゃあ
ちょっと
服脱いで
みよっか
あんっ♡
恥ずか
しいッ♡

おっぱい感じるッ♡
あ～
すごいおっぱいだねぇ～
え……？
なんでこの人自分の顔アップ撮ってんの？
私がこんなに渾身の演技をしてるのに？
うおおこれは手に収まんないなあ
ジー……
乳輪がデカめなところがまたいいねぇ～
●REC
ハァ
ハァ
ああ～もう我慢できないよぉ～
挿れちゃうよ～？
ああんっ♡
おちんぽほしいッ♡
あっ
ちょっと待ってください
ローションは……？
ローションとかあると萎えるから
撤去してもらったよ
はい？

ゴムは？
ゴムも無し
じゃダメ
かな？
ハァ
ハァ
絶対
ダメ
です
なーんだ
残念～
ギュム
ギュム
あ～
おまんこ
狭くて
なかなか
入んない
な～
ローション
使わない
からだろ
あっ
入った！
ヌグググッ
いてえ
ああ～
おまんこ
気持ちいい
よぉ～
パン
パン
コイツ
挿入中も
自分撮るの
かよ……
こうなった
ら……

カメラが監督を向いている時
アンアンッ♡
おちんぽおっきいっ♡
カメラが私を向いてる時
あんっ♡しゅごいっ♡
おちんぽ奥まで届いてるッ♡
ビクンビクンッ
カメラが監督を向いている時
あーん♡
もうイキそう♡
カメラが私を向いてる時
イクッ♡イクッ♡
イッちゃうッ♡
イグ――――ウッ!!
ガクガク
ピュピュ
お疲れ様でーす！
そそくさ
ちょっと待って

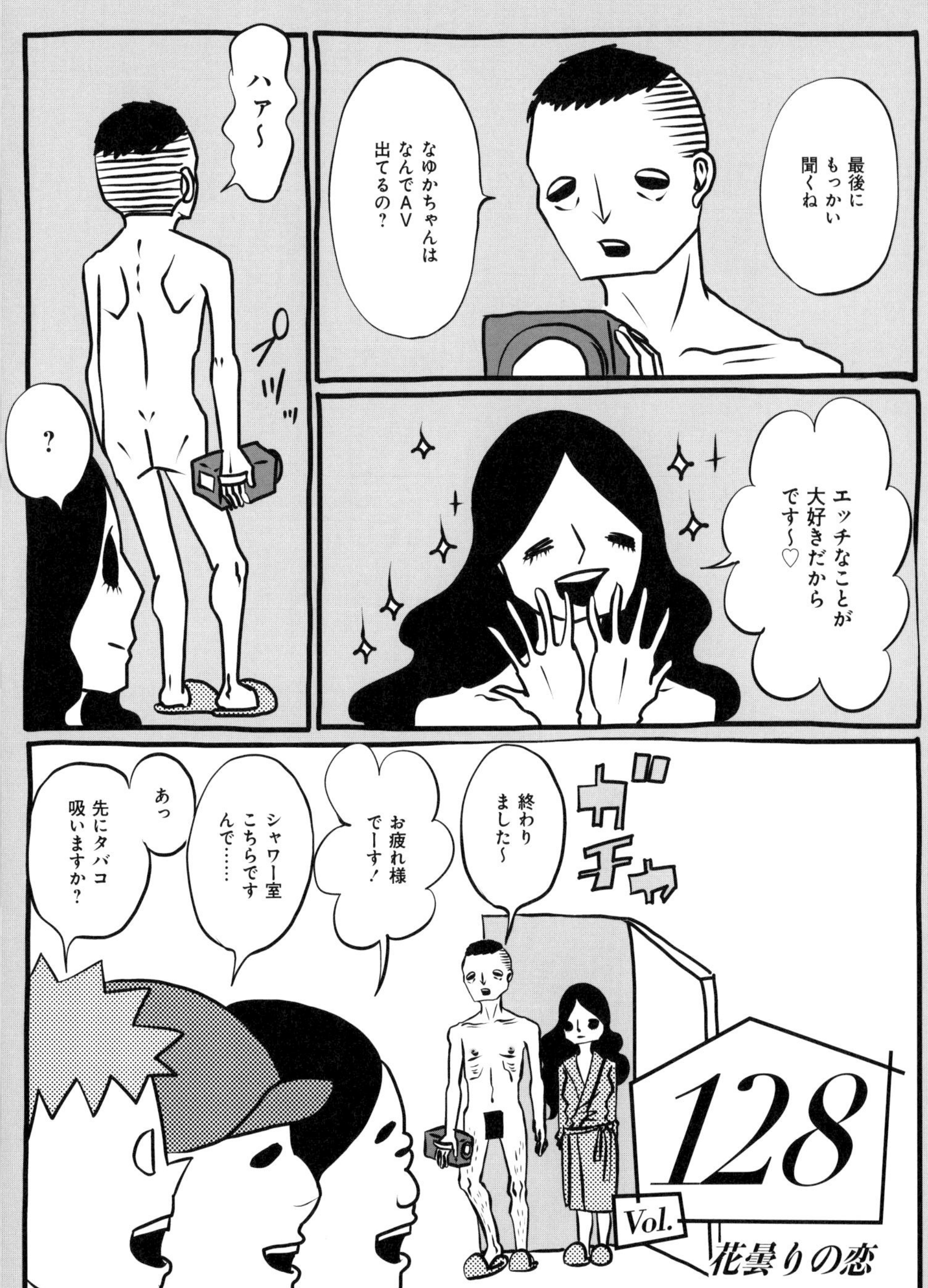
最後にもっかい聞くね
なゆかちゃんはなんでAV出てるの？
ハア〜
ツッ
？
エッチなことが大好きだからです〜♡
ガチャ
終わりました〜
お疲れ様でーす！
シャワー室こちらですんで……
あっ
先にタバコ吸いますか？
Vol.128
花曇りの恋

なんでこの監督がこんなレジェンド扱いされてるんだ?
カチ
ローションすら使わないで自分の顔ばっか撮ってるくせに?
プハ
あれ?
待てよ?
ってことは他の現場ではローションが必要ないくらい
毎回AV女優をリアル愛液で濡れ濡れにさせてるってこと?
ポロ…
ガタン!
もしかして私が思ってたよりすごい監督ってこと!?
カンパニーさんおかえりでーす
お疲れっすー
あ
君さぁすっごいつまんなさそうにセックスするね

でさあ
その監督が
「俺はAVが
撮りたいわけ
じゃなくて
セックスが
撮りたいんだよ」
とか言うんだけど
意味わかんなくない？
私はAV撮りに
行ってんのにさあ!!
大体セックスはしてただろ!!
まんこにちんこが入ってただろ!!
そんで私はきっちりアンアンガクガクしてただろ!!
ざわ…
なゆかさん
ちょっと声が
大きいですよ
ヒッ…
あ……
ごめ……
ざあっ
うわあ
桜が
すごい
ねえ

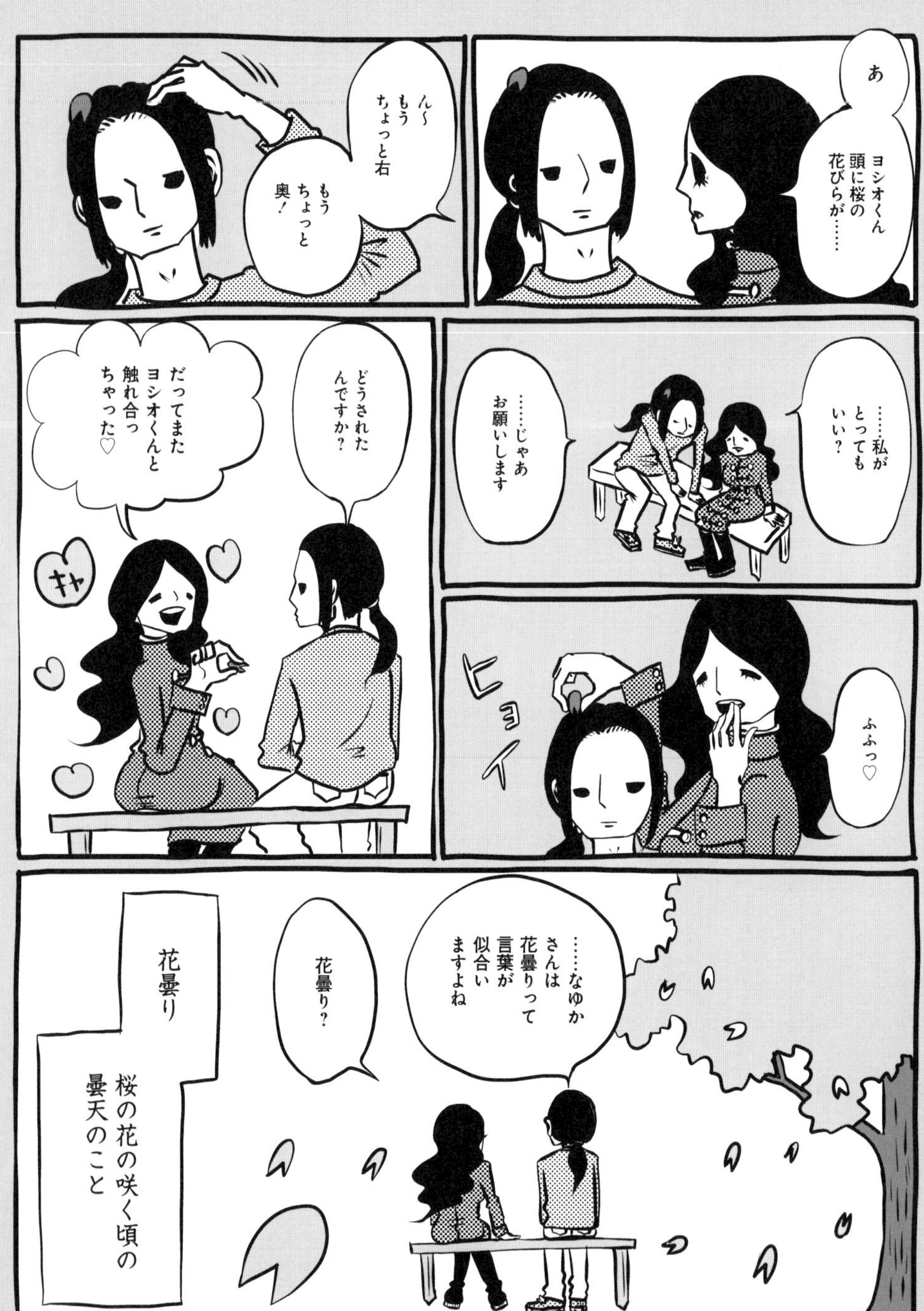
あ
ヨシオくん頭に桜の花びらが……
ん～もうちょっと右
もうちょっと奥！
……私がとってもいい？
……じゃあお願いします
ふふっ♡
ヒョイ
どうされたんですか？
だってまたヨシオくんと触れ合っちゃった♡
キャ
……なゆかさんは花曇りって言葉が似合いますよね
花曇り？
花曇り
桜の花の咲く頃の曇天のこと

僕の一番好きな季語です
へー
ていうかお腹減らない？
この近くに最近タコベルが出来て……
あの……
なゆかさん……
さっきのは……
さっきの？
花曇りのこと？
あれは告白のつもりだったんですが……

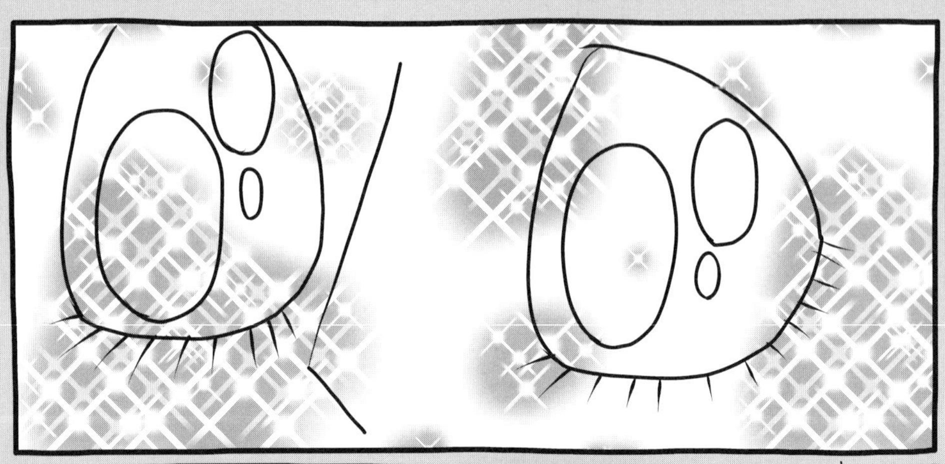

えっ⁉
ちょっと待って⁉
もっかい言って⁉
NO
それは出来兼ねます

もっかいだけ！
一回だけでいいから！
ギャ
ギャ！
出来兼ねます
ジ……

to be continued.....

取材・文／アケミン　撮影／加藤 岳

特別対談

峰なゆか　山内マリコ

シスターフッドはホモソーシャルのわかりやすい連帯を超えていけるのか

峰なゆか

マンガ家。女性の恋愛・セックスについての価値観を冷静かつ的確に分析した作風が共感を呼ぶ。『アラサーちゃん』(KADOKAWA)、『アラサーちゃん　無修正』(全7巻)シリーズは累計70万部を超えるベストセラーとなった

×

山内マリコ

2012年に『ここは退屈迎えに来て』でデビューし、2018年に映画化。主な著書に『アズミ・ハルコは行方不明』(幻冬舎文庫、2016年映画化)、『あのこは貴族』(集英社、2021年映画化)、『一心同体だった』(光文社)などがある

女優たちがどんどんハードプレイを求められるようになるなか、家庭でのネグレクトやレイプ被害といった、彼女たちの抱える過去が明らかになった5巻。今回の対談のお相手は、デビューから一貫して、女性同士の友情や連帯、シスターフッドを書き続ける山内マリコ氏。本作における女優たちの緩やかな繋がりを、山内氏はどのように読んだのか。なゆゆ、マリコフと呼び合う二人が、女という性の生きづらさ、フェミニストを名乗ること、シスターフッドの現在地を語った。

山内　なゆゆとは、注目されはじめた時期が近いこともあって、10年くらい前は雑誌の対談企画で一緒になったり、みんなでスナックに飲みに行ったこともあ

りましたよね。私は富山出身なんですが、なゆゆのAV女優時代のプロフィールも「富山県出身」だったので、気持ち的には同郷人です（笑）。

峰　本当は岐阜県なんだけどね。身バレ防止のためのフェイクとはいえ、当時サイン会でファンの人から「僕も富山出身なんですよ！」と言われるたびに罪悪感を抱いていました……。

事務所の管理の目をかいくぐって、撮影後に連絡先を交換する痴女さんとなゆゆ

山内　今回、改めて1巻から読ませていただいたのだけど、『AV女優ちゃん』の構成力とストーリーテリングは本当に素晴らしいと改めて思いました！

峰　わあ、うれしい！

山内　男性読者の好奇心を刺激する「AV撮影裏話」がポップに描かれていると思いきや、各女性キャラクターのダークな過去が明かされていく構成。5巻では、より重くてタイムリーなテーマに踏み込んでいますよね。

峰　AVに出るまでに何らかの過去を抱えている人が多いというのを描きました。

山内　これまでも爆乳ちゃんのAV出演強要問題や黒ギャルちゃんが実父から性虐待を受けていた過去など、社会問題にも結びつくエピソードが取り上げられていました。そしてこの5巻では、性産業に従事している女性の中には軽度知的障害（知的障害ボーダー）の人が実は少なからずいること、レイプ被害者がそのトラウマを上書きしようとするあまり自傷的になって、不特定多数の相手とのセックスにのめり込んでしまう心理にまで話が及んでいました。これらの問題はSNSでごく最近になって顕在化して、話題になっていたことでもあって。週刊連載ならではの吸収速度というか、現実とのシンクロ度の高さに脱帽しました。

峰　話の流れについては、最初からカッチリ決めていたわけではないのですが、構成については、Netflixドラマ『オレンジ・イズ・ニュー・ブラック』から着想

女性を守るための法整備は本当にまだまだなんだよね

MARIKO YAMAUCHI

を得ているんです。この作品を描きはじめる前に超ハマっていて、5周くらいしましたね。

山内　女性刑務所を舞台にしたドラマですね。たしかシーズン7まであったはずなのに、それを5周ってすごい（笑）。

峰　この作品は、エピソードの随所に登場人物たちの遍歴や過去の生活が描かれていて。彼女たちがなぜ刑務所に入ることになったのかが、少しずつ明かされていくのですが、『AV女優ちゃん』でもこの手法を取り入れたいと思ったんです。

山内　そうだったんだ！　物語運びの技術的な面もさることながら、改めてなゆゆは「AV業界のインサイダー（告発者）」だと思いました。内部の不正や闇を告発する行為は、関係者全員を敵に回しての孤独な闘いになりがちだけど、この作品はそうなっていない。「けしからん！」とプリプリ怒るAV業界の人っていないんじゃないかな。それはなゆゆの人徳や作画のポップさもあるし、常にフラットで、善悪でジャッジしない描き方だからこそだと思います。

峰　私自身にも、「AV業界の悪を告発してやろう！」という気持ちは一切ないんですよね。ただただ「こういう業界だよね」と淡々と描いているから、今のところAV業界関係者の逆鱗には、なんとか触れずに済んでいるのかもしれない。

AV女優は「分断して統治せよ」受け継がれる搾取のノウハウ

山内　少しエピソードは遡るけど、2巻で主人公が痴女さんと電話番号の交換をするシーン、あれも最高でした！

峰　AV女優はマネージャー以外の業界関係者と連絡先を交換することが禁止されていますからね。というのも、AV女優の出演料ってまずメーカーから所属事務所に支払われて、そこから事務所がマージンを引いたものが女優の手元に残る仕組みになっているんですが、どれだけ中抜きされたかは、女優本人には明かされていないんです。ただ、女優同士が集まるとギャラの話になりがちだし、そうなると事務所側にとっては、困ることが多いんですよね。

山内　「知恵をつけられるとめんどい」というマネージャー君の、地味に怖いセリフもありましたもんね。

峰　今は「総ギャラ開示」といって、メーカーがいくら支払うかを女優に開示することが義務化されたけど、少なくとも『AV女優ちゃん』で描いている時代は、女優は自分たちがどれくらい〝搾取〟されているかわからない状態でした。

山内　「奴隷は分割して統治せよ」ってやつですね。1巻で対談されている田嶋陽子さんの本に、主婦を抑圧する男社会の仕組みが解説されていて、横の繋がりを断つのが支配の基本とありました。連帯されたら困るから。AV女優を管理する事務所側からしたら、彼女たちが連帯しないほうが搾取をするのに何かと都合がいいわけですよね。「AV業界の伝統だから」とか言って。

峰　AV業界ができたのは1980年代なので、「伝統って（笑）」となるけど、近代以前の遊女、江戸の遊郭でも元締めは男だし、女性を搾取するノウハウは、はるか昔から脈々と受け継がれているのだと思いますね。

レイプかどうかの境界線はとてもぬるっとしている

NAYUKA MINE

山内　女性に対する支配の構造が強固にできあがっているAV業界ですが、男性たちも一度足を踏み入れたら、なかなか業界を出られないことが4巻には描かれていましたね。

峰　未成年をAV出演させた容疑で、若手マネージャーが先輩の身代わりになって逮捕されていくシーンですね。AV業界で前科がついてしまうと他の業界での就職は難しくなりますからね。

山内　そうやって男性たちもこの世界に囲い込まれる構造があることを初めて知りました。全員で苦しめ合っているようにも見えて、なかなか闇が深い。

女たちのシスターフッドは、ホモソーシャルを超えられるか

山内　ただ一方で、『テレクラキャノンボール』（カンパニー松尾によるAV作品。バイクや車でAV監督たちが移動しながら、テレクラや出会い系を駆使して素人女性をナンパし、セックスをし、点数を競う。2014年に劇場版が公開）なんかを観ていると、AV監督同士が車やバイクのレースをしながら、和気あいあいと楽しそうにしている様子が描かれていますよね。男たちの連帯感、いわゆるホモソーシャル的な繋がりの〝陽〟の面。

峰　映画公開時は「男同士の友情っていいよね～」「私もあの輪の中に入りたーい！」とか言い出すサブカル女子までいました。公開当初から、女性を「モノ化」することに異議を唱える人たちもいたけど、映像作品としての面白さは強い。

山内　うん、あれを面白いと言えるサブカル女子がイケてる、みたいなレベルで止まってた時期はけっこう長い。

峰　マリコフはデビュー作『ここは退屈迎えにきて』から一貫してシスターフッド（女性同士の連帯や友情）を描いていますが、最近は小説や漫画、映画、ドラマでもシスターフッドをテーマにした作品がすごい勢いで増えていますよね。この潮流は、どう感じていますか？

山内　象徴的だなと思うのが、『あのこは貴族』の単行本が発売された2016年は、まだ「シスターフッド」

の価値観も、単語そのものも世間に認知されていなかったので、宣伝では使えなかったんです。帯の惹句は、「東京生まれの箱入り娘ＶＳ地方生まれの雑草系ＯＬ!?」。あの時点では、旧来の図式に乗っかるしかなかった。

峰　本筋としては、女の子同士がケンカをする話ではないのにね。

山内　そうそう、その逆を描いているのに。本意ではなかったものの、仕方ないよねという感じで。けど、２０２１年に映画化されたときのチラシには「シスターフッドムービーの新境地」と入っていて。#MeToo の盛り上がりを経てジェンダーへの意識が高まって、時代が一気に動いたんだなあと思いました。

峰　わずか5年で！　すごい変化だ。

AV女優を笑うなと怒った爆乳ちゃんと白ギャルちゃんの間に友情が芽生える

山内　一方で、最近のシスターフッド作品に全乗りできているわけではなくて、少し歯がゆさを感じてますね。食など、モチーフが似てしまって、一瞬で飽きられそうな予感もあるし。流行ってるからこれでいこう、みたいな作り手も多そうで、消費されておしまいにならないか、ちょっと気になります。

峰　私もシスターフッドは好きなんですけど、確かに「とりあえずシスターフッドを描いておけばいいんでしょ」という作り手の姿勢が透けて見えてしまう作品もありますよね。ホモソを肯定するわけではないけれど、このままじゃホモソのわかりやすい「繋がり」に勝てない！と思ってしまう……。

山内　なゆゆの『ＡＶ女優ちゃん』は、シスターフッドや女性同士の連帯がゴールじゃなくて、当然のイデオロギーとして、大前提になっているんですよね。その上で、それ以外のより複雑なテーマに切り込んでいる。

峰　そう言ってもらえてうれしいです！

山内　4巻のＡＶ鑑賞イベントで爆乳

ちゃんが「脱いでる女を笑うな！」と言い放って、それを見た企画女優の白ギャルちゃんが「怒ってくれてうれしかった」と手を取り合うシーンとか……本当に痺れますね。

1990年代の黒ギャルは自然発生的なフェミニズム

山内　あと、これはなゆゆが意図しているかどうかわからないけど……黒ギャルちゃんもフェミニズムの文脈でもっと語られていいと思いました。

峰　黒ギャルちゃんとフェミニズム？

山内　父親からの性的虐待から逃げる形で、中学で家出して、サバイブするなかで黒ギャルになったというバックストーリーがありました。1990年代から2000年代にかけて、黒ギャルやその進化系の「ヤマンバ」、お風呂に入らない「汚ギャル」をメディアは面白おかしく取り上げていましたよね。

峰　「ギャルはイケてる」みたいな空気感も確実にありましたよね。援助交際ブームもあったし。

山内　一説によると、彼女たちは何らかの事情で学校や家庭に居場所がなく、路上やクラブで夜を過ごすことが多かったため、身を守るための手段として、黒く、汚く進化していったらしいんです。ギャルの格好をするのもお風呂に入らず不潔でいるのも、女の子同士で行動を共にするのも、性被害を防ごうとする自衛手段だったとも考えられる。ギャルサーも帰る家がない女子同士の互助会みたいな存在だったと言われているし、いわば「自然発生的なフェミニズム」だったのかもしれない。

峰　今でいう歌舞伎町の「トー横キッズ」みたいですね。確かに黒ギャルは男ウケが悪いし、確実に襲われにくいですよね。でも当時は、ギャル文化や援助交際は「自己決定」なんて言われて、都会の女子高生がする「イケてるもの」だともてはやされていた側面もありました。

山内　ギャル文化や援助交際は、彼女たちが生きていくための切実な手段でもあった。なのにそれが「都会の女子高生たちがしているイケてるもの」、自己決定だと、メディアで謎にポジティブ解釈されて全国に広まりました。そのニュースを見た地方女子のなかには、「援交しないとダサいんだ！」と焦りを抱いた子もいたはず。黒ギャルちゃんの例をひとつ挙げても今の視座で語り直せるわけで、ぜひ研究者の方にフェミニズム的視点で、『AV女優ちゃん』の解説を書いてもらいたいです。

「私はフェミニスト」と名乗る覚悟と難しさ

山内　4巻の吉田豪さんとの対談でなゆゆは「今後はフェミニストですと名乗っていく」と話していましたよね。「別にフェミなわけじゃないけど」と、前置きするスタンスはそろそろ「ダサい」と。

峰　私としては、かなり前から「自分はフェミニストです」と名乗る準備はしていたのだけれど、公言する時期を窺っていたところもあって。ただ、基本的に私のなかの考えは変わっていないんですよ。フェミニストと宣言するか、しないかだけの違いであって。

山内　そもそも『アラサーちゃん』もかなりのフェミの視点で描かれていましたもんね。

峰　そうですね。ただ、最初から「私はフェミニストです！」と宣言してしまうと、今度はフェミニスト側から「こんなものを描いているくせに、なぜお前はフェミニストと自称するんだ！」と叱られることもあるのも事実で。というのも、少し前に〝同意のあるセックスとレイプの間にある性行為〟を「グラデーションレイプ」と名付けてツイートして、フェミニスト側からも、アンチフェミニスト側からも怒られたことがあったんです。

山内　どんなふうに怒られたんですか？

峰　この巻で登場する女社長さんのケースよりも、現実ってもっと「ぬるっとした」形のレイプがあるじゃないですか。断るのは気まずいから一応ＯＫに近いような返事をしてしまったり、でもセックスした後、数日間は激しく後悔したり。「あれは本当に私が自分の意思でしたいと思ったのか？」「場のノリ的に断れなくて……でもレイプってわけじゃないような……」と思う現実を伝えたかったんですけどね。

山内　顔見知りに押し切られる形でのレイプ、多分めちゃくちゃ多いよね。たしかに、被害加害の白黒がはっきりつけにくい。「グラデーション」は言い得て妙だと思うけど。

峰　Twitterでは、アンチフェミニストからは「レイプを拡大解釈するな！」と言われ、一部のフェミニストからは「レイプという言葉を矮小化するな！」という意見が寄せられてプチ炎上しました。

山内　それはお疲れだったね……けど、炎上によって議論が深まって前進していくのが今の世の中だから、いいテーマを投げたってことで！　つい先日も、女子大生がストーカー化した元恋人に刺殺された事件に関連して、「ストーカー被害を相談しても警察は取り合ってくれないのに、『ストーカーに傘を盗まれた』と訴えたらすぐ窃盗の容疑で動いてくれた、自分の命は傘以下だ」という旨のツイートを目にしました。

峰　傘以下……。

山内　ストーカー防止法ができたのが２０００年。女性を守るための法整備は本当にまだまだなんだよね。なゆゆの「グラデーションレイプ」の件に限らず、これまでの概念を変えようとする言葉や枠組みを新たに作ろうとすると、双方から反発や反論が起こるのって、避けられないことなんだと思う。あくまで一例だけど、１９８５年に制定された男女雇用機会均等法もそう。この法律によって女性の社会進出が後押しされたというイメージがあるものの、当時は男性中心の経済界だけじゃなくフェミニスト側からも反対意見があったって。

峰　フェミニストからも？　なぜ？

山内　法案を確実に通すために、企業側の努力義務で罰則もほとんどないところに落ち着いたらしく。「どうせ作るならもっと精度の高い法的な枠組みを！」という声も上がったのだとか。完全にＬＧＢＴ理解増進法のときと同じ。

峰　なるほど。２０２２年6月に施行されたＡＶ新法も「規制が増えて、現場の負担も増える」とＡＶメーカー側から反対され、フェミニスト側からは「AV自体が性の搾取なのでやめるべき」という理由で双方から反対されましたよね。この「どちらからも叩かれる」という構図はまるで同じかもしれないですね。

性被害に遭ったことを学校の友達に話すが、理解してもらえない女社長さん

女同士の友情は濃くて儚い。だからこそ描き続ける

山内　漫画の今後の展開、登場人物の関係性や彼女たちのシスターフッドがどう変化していくのか気になります。

峰　AV業界というある種、特殊な環境の中で生まれた連帯も彼女たちが業界を去ったら、どう変化していくのか……。そのあたりについては、まさに構想を練っている最中で。実際、私もいまだに仲良くしているAV女優時代の女友達もいるけど、ほとんど連絡を取らなくなってしまった子もいるし。

山内　AV業界に限らず難しいテーマですよね。女の子同士って仲良くなったらまるで恋人同士のように蜜月を過ごしてしまうから、ずっと同じテンションで関係を続けるのは難しい。

峰　濃くて儚い関係性だなと思います。

山内　私も女性の友情の儚さや脆さをどう克服していくのかについて、物語を通して提示していきたいと思っているところで。『AV女優ちゃん』に関してはシスターフッドは標準搭載された上で、彼女たちがどう社会をサバイブしていくのかが楽しみすぎます。特に気になるのが黒ギャルちゃん。AV女優からデリヘル、さらにソープと自分が売れるものをどこまでも売り尽くした先に一体、何が起こるのか……黒ギャルちゃんの行方から目が離せないです。

峰　ありがとう〜。私、昔は本当に締め切りがギリギリだったけど、最近はかなり前倒しで原稿を仕上げていて。最近、描くのがすごく楽しいんです。

山内　すごい、めちゃ優秀！　デビューしてこれだけ経つのに、「描くのが楽しい」と言えるのってすごいです。

峰　何だか今日はいっぱい褒めてもらえた〜！　次の6巻が最終巻なので、女優たちの繋がりも儚さもしっかり描いていきたいです。

AV女優ちゃん 5

2023年8月10日　初版第1刷発行

著　　者　峰なゆか
発 行 者　小池英彦
発 行 所　株式会社 扶桑社

〒105-8070　東京都港区芝浦1-1-1
電話　03-6368-8875（編集）
　　　03-6368-8891（郵便室）
www.fusosha.co.jp/

装　　丁　濱中幸子（濱中プロダクション）
印刷・製本　大日本印刷株式会社

ISBN 978-4-594-09554-3

初出
週刊ＳＰＡ！2022年10月11・18日号～2023年6月20・27日号

この作品は、著者がAV女優として活動していた2000年代のAV業界を描いた、半自伝的フィクションです。